北京市社会科学基金青年项目（24JJC024）

中国人力资本错配的测算及成因研究

葛　晶◎著

基于行业垄断的视角

中国财经出版传媒集团

经济科学出版社

Economic Science Press

·北　京·

图书在版编目（CIP）数据

中国人力资本错配的测算及成因研究：基于行业垄断的视角／葛晶著. -- 北京：经济科学出版社，2024.12. -- ISBN 978 - 7 - 5218 - 5959 - 1

Ⅰ. F249. 21

中国国家版本馆 CIP 数据核字第 2024SD0610 号

责任编辑：凌　敏
责任校对：王肖楠
责任印制：张佳裕

中国人力资本错配的测算及成因研究
——基于行业垄断的视角
葛　晶　著

经济科学出版社出版、发行　新华书店经销
社址：北京市海淀区阜成路甲 28 号　邮编：100142
教材分社电话：010 - 88191343　发行部电话：010 - 88191522
网址：www. esp. com. cn
电子邮箱：lingmin@ esp. com. cn
天猫网店：经济科学出版社旗舰店
网址：http：//jjkxcbs. tmall. com
北京季蜂印刷有限公司印装
710 × 1000　16 开　10. 25 印张　150000 字
2024 年 12 月第 1 版　2024 年 12 月第 1 次印刷
ISBN 978 - 7 - 5218 - 5959 - 1　定价：52. 00 元
（图书出现印装问题，本社负责调换。电话：010 - 88191545）
（版权所有　侵权必究　打击盗版　举报热线：010 - 88191661
QQ：2242791300　营销中心电话：010 - 88191537
电子邮箱：dbts@ esp. com. cn）

前　言

中国经济近年来面临需求收缩、供给冲击、预期转弱的"三重压力",一方面,国际形势云谲波诡,贸易保护主义抬头,局部冲突不断;另一方面,内部人口红利见底,环境问题恶化等结构性问题凸显。在内外部因素叠加下,中国传统增长动能出现了不同程度的衰减,迫切需要寻找新的增长点、培育新的增长动能。为此,2024年1月31日,习近平在中共中央政治局第十一次集体学习时强调,加快发展新质生产力,扎实推进高质量发展,为中国未来加速经济增长方式转变、实现中国式现代化明确了方向。

自1999年高校扩招以来,中国尽管人力资本几乎实现了"量质齐飞",但经济的全要素生产率(total factor productivity,TFP)却始终处于较低水平波动。这一现象被称为中国的"TFP之谜"。大量学者指出,决定一个经济体TFP水平的不仅仅是人力资本的总量水平,更为重要的是人力资本是否被配置到了创新部门。人力资本配置为我们理解中国的"TFP之谜"提供了一个良好的框架。那么,中国的人力资本配置效率如何?其主要影响因素和作用机制又是什么?回答这些问题对于中国未来优化人力资本配置,推动高质量发展具有重要意义。

本书基于所有制的视角对中国人力资本错配进行了测算和成因分析。首先,通过文献梳理和现实观察搭建所有制影响人力资本错配的基本框架;其次,从行业垄断、增长拖累、垂直结构和寻租等方面对基本框架进行拓展分析,从而对中国的人力资本错配给予系统性解释;最后,在研究结论的基础上提出针对性治理措施。研究发现:(1)政府长期以来对国有企业的隐性保护和补贴使得国有企业能够获得超额利润。并且,在独特的产权形式和工资制度下，国有企业的超额利润被转化成为工资溢价和人力资本优势，导致国有企业和民营企业之间的人力资本配置出现扭曲。（2）国有企业的工资溢价抬高了人力资本创业的机会成本，与此同时，还通过增长拖累效应降低了人力资本创业的预期收益，从而大幅抑制了人力资本的创业意愿。这两方面扭曲了人力资本在就业和创业之间的职业选择决策。（3）从产业结构的视角来看，中国的产业结构呈现"上游国有垄断、下游民营竞争"的非对称竞争特征，在这种特殊的垂直生产网络中，上游国有垄断企业通过市场势力挤压下游民营企业利润，诱使下游人力资本向上流动，进而导致下游进入不足和社会福利损失。（4）高度的政府干预特性还会吸引人力资本进入公共部门寻租，而个人接受教育的目的也会逐渐偏向于攫取更高的租金，从而使得经济体陷入寻租者均衡。上述研究结论给出的政策启示是，未来若要对人力资本配置优化有所作为，需要以供给侧结构性改革为抓手，推进国有企业混合所有制改革，加快构建公平的市场竞争环境。

始于谢长泰和克列诺（Hsieh and Klenow, 2009）创新性地提出了要素错配测算框架，学者们对不同类型的资源配置及其成因进行了大量的经验分析。这些研究主要聚焦于劳动力、物质资本等传统生产要素，本书则进一步关注到人力资本的配置效率问题。本书构建了人力资本错配测算框架，并从行业垄断、增长拖累、非对称竞争和政府干预与寻租等多个角度分析其形成机制，不仅有助于系统理解中国的人力资本配置效率和"TFP 之谜"，而且有助于深化人力资本配置领域的相关认识。本书主要从不同部门间的报酬结构来探寻人力资本配置扭曲的成因，但从中国现实来看，可能还存在着其他重要因素。例如，2012 年以来的反腐行动极大地抑制了"体制内"部门的寻租收益，但人力资本对于"体制内"的热情似乎并未降低。这种现象可能与中国特殊的政治体制、文化传统相关。受到篇幅的限制，本书不可能对这些因素都进行详细的分析，这也是未来有待进一步拓展和丰富的方向。

葛　晶

2024 年 5 月

目　　录

第1章　导论 ……………………………………………………（1）

　1.1　研究背景和意义 …………………………………………（1）

　1.2　研究内容和方法 …………………………………………（4）

　1.3　可能的创新之处 …………………………………………（7）

第2章　人力资本错配相关研究评述 …………………………（9）

　2.1　人力资本错配的形成机制 ………………………………（9）

　2.2　人力资本错配测算 ………………………………………（15）

　2.3　人力资本错配研究的反思与启示 ………………………（21）

第3章　行业垄断、工资溢价与人力资本错配：机制1 ………（23）

　3.1　引言 ………………………………………………………（23）

　3.2　国有企业的高工资：效率工资还是工资溢价 …………（25）

　3.3　所有制间的人力资本错配测算 …………………………（29）

　3.4　行政垄断对人力资本错配影响的实证检验 ……………（41）

第4章　金融抑制、增长拖累与人力资本错配：机制2 ………（49）

　4.1　引言 ………………………………………………………（49）

　4.2　国有垄断对人力资本创业意愿影响的理论模型 ………（53）

4.3 国有垄断对人力资本创业意愿影响的实证策略 ……………… （61）

4.4 国有垄断对人力资本创业意愿影响的回归结果分析 ………… （64）

第5章 垂直结构、非对称竞争与人力资本错配：机制3 …………… （75）

5.1 引言 …………………………………………………………… （75）

5.2 垂直结构下的人力资本配置模型设置 ………………………… （76）

5.3 人力资本在垂直结构中的配置均衡分析 ……………………… （78）

5.4 拓展分析：公共部门的人力资本膨胀 ………………………… （85）

第6章 政府干预、寻租者均衡与人力资本错配：机制4 …………… （90）

6.1 引言 …………………………………………………………… （90）

6.2 人力资本冗余系数测算 ………………………………………… （94）

6.3 政府干预对教育目的的影响：基于教育期望的视角 ………… （116）

第7章 以供给侧结构性改革为抓手，优化人力资本配置效率 ……… （132）

7.1 深化混合所有制改革，提升国有企业经营绩效 ……………… （132）

7.2 逐步放开行业准入限制，提高市场竞争程度 ………………… （134）

7.3 改善民营企业生存环境，减少过度的政府干预 ……………… （136）

参考文献 ……………………………………………………………… （138）

第1章 导　　论

1.1　研究背景和意义

1.1.1　研究背景

改革开放以来的 40 多年里，中国实现了年均 9% 以上的经济增长速度，[①]从世界上最贫穷的国家之一跃升为世界第二大经济体。但是，伴随着经济发展水平的提升，支撑中国过去高速增长的几大动力源泉均出现了不同程度的减弱：全球化红利耗竭、人口红利也随着人口抚养比底部到来、刘易斯拐点出现、"库兹涅茨过程"进入尾声。在传统红利逐渐衰减的同时，新的增长动力又未能被有效挖掘和利用，使得中国的经济增长压力不断增大。在此背景下，2013 年党中央及时作出研判，中国经济当前进入了增长速度换挡期、结构转型阵痛期和前期政策消化期的"三期叠加"。因而，探寻新的增长动能对于中国未来转变经济发展方式、实现可持续的高质量增长至关重要。

自内生增长理论被创立以来，人力资本积累对于经济持续增长的重要性获得了学界的广泛认可。中国自 20 世纪末以来几乎实现了人力资本的"量质齐飞"。根据中央财经大学人力资本与劳动经济研究中心测算数据显示，1985~2021 年，中国劳动力整体平均受教育年限从 6.14 年上升到 10.75 年。2001~2010 年，中国城镇劳动力的人均人力资本指数年均增长率为 9.05%，

---

① 国家统计局. 中国统计年鉴（2022）[M]. 北京：中国统计出版社，2022.

农村为 7.56%；2010～2021 年，城镇和农村的年均增长率仍然分别达到了 6.12% 和 4.35%。[①] 然而，中国的 TFP 却始终处于较低水平波动（纪雯雯和赖德胜，2014）。根据魏尚进等（Wei et al.，2017）的测算结果，2015 年中国 TFP 对国内生产总值（gross domestic product，GDP）增长的贡献仅为 -34.6%。这一特征与内生增长理论所强调的人力资本积累与经济可持续发展的高度正相关性无法契合（邹薇和代谦，2003；Acemoglu and Guerrieri，2008；Ventura，2005；Jones and Romer，2010；Ciccoone and Papaioannou，2009），构成了中国的"TFP 之谜"。琼斯和罗默（Jones and Romer，2010）详细观察 20 世纪各个经济体在可持续增长中所表现出的特征后归纳发现，经济发展中重要的不仅仅是人力资本积累，还有人力资本配置。如果人力资本倾向于进入创新性的生产部门，人力资本积累有利于改善经济 TFP。相反，如果人力资本更倾向于进入非生产性的寻租部门，人力资本积累甚至可能会损害经济 TFP。琼斯和罗默进一步指出，大多数发展中国家，特别是像中国这样的转型中经济体，所面临的一个巨大困境是无法实现人力资本与生产部门的匹配（李静，2017）。所以，人力资本的配置结构为我们理解中国的"TFP 之谜"提供了重要启示。

仔细观察会发现，中国转型期的人力资本配置结构存在着较为严重的扭曲。一方面，不同于西方发达经济体中人力资本较为均匀地分布在各个行业，中国的人力资本主要集中于公共管理、社会保障和社会组织，卫生和社会工作，以及电力、热力、燃气及水生产和供应业等国有垄断部门，而以民营企业为主导的创新型部门和竞争型部门的人力资本明显偏少（中国经济增长前沿课题组，2014）。另一方面，大量经验证据表明国有企业的生产效率和创新效率都要低于民营企业。[②] 这意味着，中国相对低效率的部门集聚了大量的人力资本，而相对高效率的部门却面临着人力资本的短缺，必然会导致资源配置效率的损失。那么，这种配置扭曲产生了多大程度的 TFP 损失？其背后的

---

① 中央财经大学联合数据中心（CEDC），http：//cedcdata. cufe. edu. cn/cedc/metadata/list. html.

② 霍维和诺顿（Hovey and Naughton，2007）、刘瑞明（2013）对此进行了详尽的文献综述。

形成机制是什么？我们又应该如何应对？

为回答上述问题，本书基于所有制的视角对中国人力资本错配进行测算和成因分析。首先，将人力资本生产要素引入谢长泰和克列诺（Hsieh and Klenow，2009）的要素错配测算框架（H－K框架），对中国工业部门不同所有制企业间的人力资本配置效率进行测算；其次，分别从行业垄断、增长拖累、垂直结构和寻租等方面对中国人力资本错配的成因进行分析，对中国的人力资本错配给予系统性解释；最后，在研究结论的基础上提出针对性治理措施。

1.1.2 研究意义

从中国社会主义市场化改革的实践和人力资本配置理论推进来看，本书研究具有重要的现实意义和理论价值。

（1）现实意义。在迈向中国式现代化的重要关口期，认识中国人力资本错配的现状，厘清其形成原因和机制，对于中国深化改革、促进经济高质量增长，继而推进中国式现代化具有重要的意义。从短期来看，中国经济近年来面临着需求收缩、供给冲击和预期转弱的"三重压力"，亟待找到促进经济复苏的切口。从中长期来看，支撑中国过去40多年高速增长的几大动力源泉均不同程度地减弱，全球化红利耗竭、工业化红利递减、人口红利也随着人口抚养比底部到来进入尾声。与此同时，随着整体经济发展水平的提高，中国的社会基本矛盾发生了根本性转变，中国迫切需要转变经济增长方式，培育新的增长动能。2023年12月，习近平总书记在中央经济工作会议上指出，要以科技创新推动产业创新，特别是以颠覆性技术和前沿技术催生新产业、新模式、新动能，发展新质生产力。① 从目前来看，尽管社会各界都意识到了转变经济发展方式、培育新动能的重要性，但是在如何落地上仍然缺乏有效的抓手和着力点。本书基于所有制视角系统剖析了中国人力资本错配

---

① 中央经济工作会议在北京举行［N］. 人民日报，2023－12－13（001）.

的形成机制，并在此基础上提出针对性完善措施，具有一定的紧迫性和必要性。

（2）理论价值。目前相关文献对我们理解人力资本与经济可持续增长之间的关系提供了大量洞见，但是既有研究尚未对中国的"TFP之谜"作出全面的解释，更缺乏从人力资本配置的角度对其进行深入的解剖。本书首先对中国工业部门不同所有制下的人力资本错配程度和门类行业的人力资本冗余系数进行测算，以对中国不同类型的人力资本错配现状进行认识。其次，搭建人力资本错配的基本分析框架，在此基础上引入行业垄断和工资溢价、拖累效应、非对称竞争和寻租等进行拓展分析，对中国人力资本配置的形成机制进行剖析，从而给予"TFP之谜"系统解释。最后，在研究结论的基础上提出缓解人力资本错配、推动高质量发展的针对性政策措施，有助于形成对既有相关文献的丰富和拓展。

1.2　研究内容和方法

1.2.1　研究内容

各章的主要研究内容如下：

第1章，导论。详细阐述研究背景、研究内容和框架、主要研究方法以及可能创新点。

第2章，人力资本错配相关研究评述。主要梳理了三方面与本书研究紧密相关的文献：要素错配的理论内涵、人力资本错配测算和人力资本错配的形成机制研究。在此基础上，阐述主要研究视角和思路。

第3章，行业垄断、工资溢价与人力资本错配：机制1。人力资本能否被正确地配置到创新型部门在很大程度上决定了其配置效率。长期以来，国有企业的创新效率虽然低于民营企业，但仍然可以通过排他性的资源占有和垄断特权获得超额利润，并在所有者缺位的条件下将这些利润转化为工资溢价，吸引大量人力资本进入，进而形成人力资本错配。首先放松勃兰特等（Brandt et al.，2013）框架中规模报酬不变的假定，并在此基础上引入人力资本要素，利用1998～2007年中国工业企业数据，测算人力资本在国有企业和非国有企业之间的配置扭曲而引发的全要素生产率损失。进一步，利用普通最小二乘法（ordinary least squares，OLS）、工具变量法等识别行业垄断对人力资本错配的影响作用。

第4章，金融抑制、增长拖累与人力资本错配：机制2。激发人力资本创业意愿，释放企业家精神对经济长期发展至关重要。然而，中国的人力资本似乎更倾向于进入国有企业工作。改革开放以来，为了维持国有企业在竞争环境下的生产和发展，政府会通过金融压抑的方法对国有企业进行隐性补贴，严重挤占了民营企业的发展资源。这就导致一方面，国有企业在隐性补贴下形成工资溢价，提高了人力资本创业的机会成本；另一方面，通过增长拖累效应降低了人力资本创业的预期收益，从而对人力资本的创业意愿形成不良影响。构建了一个垄断竞争环境下的两期劳动力职业选择模型，讨论对国有企业的干预措施是如何影响了人力资本在创业与就业间的配置效率，提出理论命题。进一步，利用2010年中国家庭追踪调查（china family panel studies，CFPS）数据匹配省际宏观数据对理论命题进行相应的经验检验。

第5章，垂直结构、非对称竞争与人力资本错配：机制3。现阶段，中国上游市场由少数国有企业垄断经营，集中度较高；而下游市场基本上实现了自由进入，竞争较为激烈。这种"上游国有垄断、下游民营竞争"的特殊市场结构被称为垂直结构。上游国有企业凭借对中间品的垄断定价能够转移下游民营企业的利润，导致上下游企业的盈利能力出现较大差别，进而对人力资本配置产生影响。本章构建了一个纵向寡头竞争模型，考虑人力资本在上游寻租和下游创业间的选择，旨在分析垂直结构如何通过扭曲人力资本配置而降低了社会福利。

第6章，政府干预、寻租者均衡和人力资本错配：机制4。主要讨论人力资本在生产性活动和寻租性活动间配置的多重均衡问题。在中国多层次政府结构下，中央到基层间巨大的信息不对称和监督成本使得地方政府存在设租、寻租的空间。在落后地区，工商业能够提供的就业岗位有限，政府部门往往会严重超编。而为了解决这部分人员的就业问题，又需要进一步挤压工商业利润，陷入寻租者均衡。在发达地区则恰恰相反，就业与工商业发展形成良性循环。为验证上述假说，本章利用分层贝叶斯估计模型评估了中国19个门类行业的人力资本冗余程度。进一步，基于教育期望的视角分析了政府干预对个人教育期望的影响，以识别政府干预是否导致了个体更倾向于进行寻租性活动。

第7章，以供给侧结构性改革为抓手，优化人力资本配置效率。根据前述研究结论，从混合所有制改革、构建公平竞争环境以及完善政府激励机制等方面提出了优化人力资本配置的针对性建议。

1.2.2 研究方法

研究方法主要包括以下三种：

（1）经验归纳与逻辑演绎相结合。通过数据整理和案例研究提炼人力资本错配的特征性事实，并结合不同所有制经济的运行特征与规律，从行业垄断、工资溢价、增长拖累、非对称竞争、政府干预和寻租等多个角度进行演绎分析，从逻辑上探寻所有制间人力资本错配的形成机制和治理对策。

（2）理论研究与应用研究相结合。在理论研究方面，首先构建所有制对人力资本错配影响机制的基础性理论框架，进一步从行业垄断、增长拖累、非对称竞争和政府干预与寻租等多个角度进行拓展，探寻所有制间人力资本错配形成的理论逻辑。在应用研究方面，结合最小二乘回归法、工具变量法等回归分析方法对理论模型推演得出的命题假说进行实证检验。

（3）宏观研究和微观分析相结合。利用宏微观数据相结合的分析方法，具体结合了中国工业企业微观数据、中国家庭追踪调查微观数据、行业中观数据等测算工业部门内所有制间的人力资本错配程度以及19个门类行业中的人力资本冗余程度，并对人力资本错配的影响因素进行实证检验。

1.3　可能的创新之处

相比较于既有研究，本书可能的创新之处有以下三点：

（1）从人力资本配置的角度解释了中国的"TFP 之谜"，是对既有研究的拓展。自内生增长理论被创立以来，人力资本与经济增长的关系受到了广泛的关注。大量研究指出，持续的人力资本积累是突破经济减速的重要因素（Romer，1990；Mankiw et al.，1992；Ventura，2005；Ciccone and Papaioannou，2009）。普里切特（Pritchett，1996）对人力资本理论提出了质疑，认为人力资本的变化几乎无法解释跨国增长差异。大量学者开始从人力资本结构（Accmoglu and Zilibotti，1999；Vandenbussche et al.，2006；Teixeira and Queirós，2016；尤济红，2019）、人力资本质量（Hanushek and Woessmann，2007；Manuelli and Seshadri，2014）等方面进行解释。但是，从人力资本配置出发进行的研究还比较缺乏。本书从人力资本配置的角度来解释中国的"TFP 之谜"，有助于进一步理解跨国增长差异、经济持续增长等现实问题。

（2）测度中国的人力资本错配水平，对相关研究具有一定的边际贡献。得益于谢长泰和克列诺（2009）的创新性工作，学者们纷纷对经济体的要素配置效率展开了大量研究。这些研究主要聚焦于劳动力、物质资本等传统要素，本书进一步关注到人力资本配置效率问题。一方面对 H - K 框架进行拓展，测算了工业部门内不同所有制间的人力资本错配程度；另一方面在分层贝叶斯估计模型下进行拓展，结合行业中观数据和居民调查微观数据对中国19 个门类行业的人力资本冗余程度进行测算。从这个意义上来看，本书研究有助于形成对现有文献的补充。

（3）基于所有制视角系统分析中国人力资本错配的形成机制，有助于加深对中国人力资本配置的认识。既有少量研究对中国转型期人力资本错配的形成机制进行了探索（李静等，2017；李世刚和尹恒，2017；马颖等，

2018；李静和楠玉，2019；王启超等，2020），为我们理解中国的人力资本错配提供了大量洞见。但是，现有研究仍然缺乏基于所有制视角的系统分析。本书从行业垄断、增长拖累、非对称竞争和政府干预与寻租等多个角度对中国人力资本错配的典型特征进行了系统解释，有助于形成对既有研究的丰富和拓展。

第2章 人力资本错配相关研究评述

2.1 人力资本错配的形成机制

2.1.1 人力资本在生产性活动和寻租性活动之间的配置

自内生增长理论被创立以来，人力资本积累对经济发展的重要作用几乎成为共识。然而，越来越多学者发现，即便是拥有大体相同人力资本存量的经济体中，也可能存在着巨大的经济发展差距。一些学者认为人力资本与技术的匹配程度是一个重要因素。阿西莫格鲁和圭列罗（Acemoglu and Guerrieri，2008）发现，落后国家的劳动力特征与先进技术不匹配是无法推动其经济增长的重要原因。因此，积累与先进技术相匹配的人力资本更为重要。另一些学者指出，发展中国家的技术模仿效率取决于高层次人力资本的培养和积累（邹薇和代谦，2003；Ventura，2005；Ciccone and Papaioannou，2009）。这些结论都不能完全解释人力资本积累为什么会在一些经济体中"失灵"。鲍莫尔（Baumol，1990）放松了熊彼特模型中关于人力资本一定从事生产性活动的假定，极其富有洞见地指出，人力资本既可能从事生产性活动，也可能从事非生产性活动。前者能够通过创新来促进经济增长，而后者则会通过财富再分配损害经济增长。鲍莫尔（1990）的研究显示，尽管各国之间存在着较大的人力资本存量差距，但人力资本配置才是导致经济发展水平差距的更深层次因素。墨菲等（Murphy et al.，1991）在鲍莫尔（1990）的基础上进一步引入人力资本报酬的规模效应，从而回答了为什么不同经济体之间的寻租问题存在着巨大差异：一方面，人力资本在生产性和寻租性活动之间的选择取决于两者的相对报酬；另一方面，寻租行为存在着自我强化效应，参与寻租的人力资本规模越大，寻租的成本越低。因此，两种活动在"争夺"有限的人力资本时会形成多重均衡，进入高水平均衡的经济体的增长速度较快；而陷入低水平均衡陷阱的经济体会出现增长停滞。他们的模型解释了一个典型的事实，即工程专业学生比例较高的国家增长更快；而法律等专业学生比例较高的国家增长相对缓慢。墨菲等（1993）对这一框架进行拓展，解释了人力资本错配如何损害了经济发展。阿西莫格鲁（1995）进一步发展了人力资本配置的多重均衡理论，指出这种多重均衡来源寻租性活动的负向外部性。庄子银（2007）将人力资本配置引入内生增长模型之中，考察了报酬结构扭曲引发的人力资本错配对社会整体创新动力的阻碍作用。上述研究为我们理解人力资本配置对经济增长的影响作用提供了大量洞见。但是，仍然需要进一步回答的是：为什么不同经济体的人力资本报酬结构会有所不同？或者说，为什么不同经济体的人力资本配置会落入不同的均衡中？

大量研究给出的答案是：制度条件决定了人力资本配置的最终均衡状态。这里的制度条件主要是指租金分配制度是更偏向于生产者还是更偏向于寻租者，如果越偏向于生产者表明制度条件越好；相反，则表明制度条件越差。根据租金来源的不同，相关研究的主题分布在自然资源、政府管制等各个领域。巴兰和弗朗索瓦（Baland and Francois，2000）研究了自然资源在寻租性活动中的作用。他们主要考虑了克鲁格（Krueger，1974）提出的进口数量限制对人力资本配置的影响，在此基础上，假定生产性活动能够挤出寻租性活动，寻租性活动也能够挤出生产性活动。因此，自然资源的影响具有典型的路径依赖特征：如果最初的寻租规模很低，也即初始的制度条件较好，资源繁荣会进一步减少它；但是，如果寻租规模最初很高，资源繁荣会进一步增加它。托维克（Torvik，2002）则发现自然资源的繁荣通常会诱导更多的人力资本进入寻租性活动，当需求的外部性被考虑进来时，自然资源通过诱发寻租性活动所导致的收入下降要高于其对收入的直接促进作用。因此，自然资源将会导致社会福利降低。梅拉姆等（Mehlum et al.，2006）利用寻租性活动所能够获得的租金比例来衡量经济体的制度质量，发现较低的制度质量会使得经济体陷入掠夺者均衡，人力资本在生产性活动和寻租性活动之间达到一个均衡比例。较高的制度质量会引导经济体进入生产者均衡，所有人力资本都参与生产性活动。在掠夺者均衡下，自然资源的繁荣将导致人力资本从生产部门转移向寻租部门，导致整个经济的生产率下降和增长放缓。在生产者均衡下，自然资源的繁荣有利于经济增长。因此，自然资源是福还是祸取决于制度质量。艾贝凯等（Ebeke et al.，2015）使用 69 个发展中国家的样本为梅拉姆等（2006）的研究结论提供了可靠的经验证据。他们证明了当制度薄弱时，石油价格的提高增加了石油出口国的人们选择更容易获得租金的职业（如法律、商业和社会科学）的动机，而不是选择工程职业，从而使得两种专业间的人才配置结构偏离了最佳结构。

除此之外，一些学者还关注到人力资本在政府部门和实体部门之间的最优配置问题。长期经济增长不仅需要优秀的企业，也离不开政府提供的公共服务。尽管如此，我们还是会发现部分经济体的政府部门规模出现了过度膨胀的现象，对此，阿西莫格鲁和维迪尔（Acemoglu and Verdier，2000）的研究结论表明这种现象是不完美市场下的次优结果。由于政府需要通过补贴政策来解决技术创新中的协调问题，但补贴政策又会引致寻租行为，因此，为了尽可能降低寻租规模，政府部门需要提供一个更高的租金来吸引人力资本进入。随着研究的进一步深入，一些学者发现人力资本在公共部门和生产部门间的最优配置比例取决于经济整体发展水平等多种因素。李世刚和尹恒（2017）构建了一个简单的理论模型发现，人力资本在政府—企业间的最优配置取决于公共服务对技术进步的贡献程度。由于中国转轨期具有鲜明的政府主导型特征，尤其是地方政府掌握着辖区经济发展的控制权和剩余索取权（吴延兵，2012），这往往导致了政府部门积累大量租金。李世刚和尹恒（2017）的研究映照了中国的一个典型事实：公务员的真实收入水平要显著高于其他职业（卢现祥和梁玉，2009；卢现祥和李晓敏，2010）。李世刚和尹恒（2017）利用2001~2010年中国地级市数据的研究发现，中国政府—企业间的人力资本比例普遍超过了最优比例，政府—企业间人力资本差异越高的地区，经济增长率越低。

还有一些学者关注到人力资本在金融业和实体之间的最优配置问题。20世纪90年代以来，伴随着金融业工资水平的迅速提高，人力资本开始大量进入。例如，20世纪90年代和21世纪初，美国的金融部门吸纳了绝大部分的高技能劳动力（Philippon and Reshef，2012）。与该现象相一致的是，同一时期内哈佛大学（男性）毕业生在金融领域展示出了惊人的优势（Goldin and Katz，2008）。学者们纷纷对此展开研究。菲利蓬（Philippon，2010）在一个内生职业选择模型中研究了金融部门的均衡规模。菲利蓬（2010）的模型中，人力资本可以选择成为工人、企业家和金融家。企业家具有外部性，但需要金融家的服务。他的框架阐明了与金融部门规模有关的一些有趣的问题，特别是如何利用税收来纠正人力资本配置。刘贯春等（2021）则指出应该理性地看待人力资本向金融业集聚的现象。他们构建了一个包含银行和生产性企业的两部门增长模型发现，人力资本配置到金融业同时具有创新挤出和资本挤入两种效应，其对经济发展的最终影响作用取决于两种效应的相对大小。对于人力资本过度向金融业配置的问题，卡胡克和查尔斯（Cahuc and Challe，2012）在菲利蓬（2010）的基础上进一步分析了资产泡沫对人力资本配置的影响。他们假设公司融资和资产交易需要专门的中介服务，而存款市场的摩擦会在金融部门产生租金，从而吸引人力资本进入。当租金很高时，与交易泡沫相关的私人收益导致太多的代理人成为投机者，导致泡沫失去其效率属性。中国在近年来不断深化的社会主义市场经济体制改革中，最终产品市场基本完成了市场化改造，但金融等要素市场却仍然存在着较强的政府干预，从而诱发了人力资本配置的扭曲。正如吴敬琏和黄少卿（Wu and Huang，2008）所指出的，1995年以后，中国政府在土地、金融等资源上的配置权力进一步加强，但在配套的法治建设上却没有跟上，这导致金融部门存在着大量的租金。李静等（2017）针对中国近年来大量具有工程学位的毕业生涌向金融部门以及社会整体创新动力不足的现象，基于全社会信息共享和知识传递的人力资本匹配视角，认为中国经济转轨时期的人力资本错配来源于市场失灵，而政府干预可在一定程度上缓解该问题。张成思和刘贯春（2022）构建了一个包含家庭、金融与实体的三部门动态均衡模型，阐释人力资本在金融部门与实体部门之间配置结构的内在逻辑，以此解释为什么人力资本会持续流向金融部门。他们指出这一现象来源物质资本积累、金融服务价格高企及实体创新绩效低三种效应，且前两者占主导地位。整体来看，政府干预和非市场进入壁垒使得金融服务价格居高不下并滋生大量租金，是导致金融业整体发展不足与人力资本过度进入并存的根本因素。

2.1.2　人力资本在就业和创业之间的配置

约瑟夫·熊彼特（1934）早在《经济发展理论》一书中便指出企业家在社会发展中的核心作用。经济增长是否能够持续，关键在于企业家精神能否被配置到创新性的生产活动中（Grossman and Helpman，1991；Aghion and Howitt，1998）。大量研究证实了企业家精神与地区经济增长之间的关系。福斯特和卡普兰（Foster and Kaplan，2001）利用企业的更新速率衡量一个地区企业家精神和创造性活动水平，分析了其对企业绩效的影响作用。贝尔斯迪克和诺德黑文（Beugelsdijk and Noorderhaven，2004）使用自我雇佣率衡量了地区企业家精神的实现水平，对欧洲 54 个地区的增长差异进行了分析，发现自我雇佣率是区域经济增长差异的一个重要因素。格莱泽（Glaeser，2009）同样基于自我雇佣率研究了美国各城市经济发展差异的成因，发现自我雇佣率解释了绝大部分城市间人口和收入增长的差异。李宏彬等（2009）借助私营企业比例、专利申请等变量将企业家精神引入回归分析中，发现创业和创业精神对于地区经济增长具有显著的促进作用。可见，创业对于技术创新、经济增长的促进作用已经得到了学术界一致的认可，创新驱动内生经济增长的关键在于能否激发全体社会成员的创业精神。刘志阳等（2018）强调创业的本质是企业家精神支配下探索和开发机会，进而创建企业或公益性组织的过程。

那么，企业家精神在何种条件下才能够被激发呢？李涛等（2017）认为创业不仅是创业者企业家精神的外在表现，也是创业者在特定市场环境下的理性选择。因此，人力资本的创业意愿在很大程度上决定了一个经济体中企业家精神的质量和水平。2001年的全球创业观察（global entrepreneurship monitor，GEM）报告最早依据创业动机的不同将创业划分为机会型创业和生存型创业，生存型创业源于失业而被迫创业，机会型创业源于追求潜在的商机，只有机会型创业才是企业家精神实现的基础。以中国为例，根据清华大学中国创业研究中心2014年发布的《全球创业观察中国报告：创业环境与政策》，在参与调查的69个国家和地区中，中国创业环境排名位居第36位，处于中游水平，创业者中仅有40%具备创业的能力，且学历水平普遍较低。① 尹志超等（2015）认为中国创业市场仍处于由生存型创业向机会型创业的过渡阶段，当前创业行为中，由于失业而被迫进行自我雇佣的创业者居多，这主要源于大量具备创业能力的创业者缺乏金融知识，他们往往因为不懂得企业融资、税收等方面的知识而放弃了创业，导致中国创业者无法为企业家精神提供良好的支持作用。李涛等（2017）通过探讨认知水平和创业之间的关系发现，没有证据支持中国具有高认知能力的聪明人更愿意创业，从而抑制了创业对于技术进步的推动作用。刘鹏程等（2013）针对企业家精神中的性别差异进行了实证分析，结果表明女性企业家普遍由于人力资本较低而选择了生存型创业。根据上述分析，如何将具有创业能力的高人力资本创业者吸引到创业市场之中，是提升企业家精神的核心问题。

中国改革开放40多年来的经济成就在很大程度上得益于企业家精神的释放，但仍存在着一些制度性障碍亟待破解，这主要来源于不同部门间不平等的收入分配对企业家精神的抑制作用。中国电力、水利、金融等具有高垄断

---

① 中国创业研究中心. 全球创业观察中国报告：创业环境与政策 [M]. 北京：清华大学出版社，2014.

性质的国有部门凭借着工资溢价建立了较高的人力资本强度；而制造业等以民营企业为主体的部门的人力资本强度较低，远低于发达国家同期水平。这种人力资本配置的扭曲严重阻碍了中国产业比较优势演进，抑制了资本和知识密集型产业的发展（李静，2017；李静和楠玉，2017）。张车伟和薛欣欣（2008）利用"家庭动态与财富代际流动抽样调查"数据发现，国有部门与非国有部门的工资差距中约有 80% 来源人力资本差异，但这并不意味着国有部门的工资溢价是合理的。尹志超和甘犁（2009）、周兴和王芳（2013）、薛欣欣和辛立国（2015）的研究得出了类似的结论。吴延兵（2012，2015）研究发现，与非国有企业相比较，国有企业面临着生产效率和创新效率的双重效率损失，且创新效率损失要大于生产效率损失。可见，国有部门所具有的人力资本优势及其与非国有部门在生产方式上的差异造成了人力资本浪费，降低了社会整体创新效率。纪雯雯和赖德胜（2018）对此进行了详细的阐述：在劳动力市场中，相对报酬差异导致体制内到体制外劳动力市场人力资本逐渐减少的垂直化状态，而国有企业在政府干预下人力资本创新绩效低下，这种劳动力市场和生产过程的共同作用导致社会创新绩效损失。

2.2　人力资本错配测算

2.2.1　要素错配测算的基础框架

在 H–K 框架下，要素达到最优配置时，企业间要素的边际产出趋于一致；而当要素未达到最优配置时，企业间要素的边际产出呈现离散化分布状态，这是导致经济体（宏观层面）全要素生产率损失的直接渠道。如果能消除市场摩擦所引发的要素价格扭曲，生产要素将从边际产出较低的企业流向边际产出更高的企业，使得经济体的总产出增加，继而提高经济体的全要素生产率。谢长泰和克列诺（2009）将企业的利润函数设置为：$\pi_{si} = (1 -$

$\tau_{Y_{si}})PY_{si} - (1 + \tau_{K_{si}})rK_{si} - wL_{si}$，其中，$\tau_{Y_{si}}$ 和 $\tau_{K_{si}}$ 分别表示产品市场价格扭曲和要素市场价格扭曲。资源错配的表现形式为企业全要素生产率的离散程度：$TFP_{si} \propto MRPK_{si}^{a_s} \cdot MRPL_{si}^{1-a_s} \propto (1 + \tau_{K_{si}})^{a_s}/(1 - \tau_{Y_{si}})$。因而，在不存在市场摩擦的理想环境中，要素资源的配置仅仅取决于企业外生的 TFP。而如果存在市场摩擦，则要素配置不仅与企业 TFP 相关，还与要素价格扭曲程度相关。在对数正态分布的假定下，企业边际产出价值的对数或 TFP 的对数的离散程度越高，整体经济体的要素错配程度就越高。谢长泰和克列诺（2009）在上述假定下测算了中国制造业的要素错配情况，发现若生产要素得到有效配置，中国制造业的全要素生产率将提高 86.6% ~ 115%。勃兰特等（2013）将 H－K 框架延伸至中国各地区企业所有制差异引发的要素错配，发现 1985 ~ 2007 年所有制间的要素错配降低了中国非农经济约 20% 的 TFP。吉尔克里斯特等（Gilchrist et al.，2013）假定产品市场不存在价格扭曲，发现美国企业中由异质性借贷成本导致的物质资本错配引发了 1% ~ 2% 的 TFP 损失，在摒弃对数正态分布的假定后，TFP 将扩大到 3.5%。弗恩斯－罗森等（Fons-Rosen et al.，2017）基于 10 个非洲国家制造业企业数据的研究表明，非洲国家制造业资本边际产出的离散程度要比欧洲国家高出 40%，消费借贷成本的差异可以提高约 45% 的企业产出。

国内学者关于要素错配的研究并非始于 H－K 框架。邵挺（2010）从不同所有制企业间的资本回报率出发，发现民营企业的资本收益率远高于国有企业资本收益率；并利用数值模拟的方法发现资本要素实现最优配置时，中国 GDP 增长率可以提高 3% ~ 9%。余婧和罗杰（2012）利用投入产出信息表构建了各个行业上下游的集中度和国有经济成分，发现在不完全市场下，民营企业在信贷资源竞争中明显存在劣势。类似的研究还包括：张佩和马弘（2012）、蔡雯霞和邱悦爽（2018）、刘建勇和王晶晶（2018）。除了物质资本错配外，源于罗杰森（Rogerson，2008）、青木昌彦（Aoki，2012）所提出的劳动力错配的两部门核算框架，利用劳动力要素投入的税收比例来表示劳动力市场的扭曲程度。部分国内学者关注到中国转轨时期特殊的劳动力市场分割所引发的劳动力错配问题。袁志刚和解栋栋（2011）构建了一个包含农业和非农业两部门模型，分析了要素错配的 TFP 的影响效应，发现劳动力错配对 TFP 的影响源于劳动力在不同部门之间的边际报酬差异，而部门规模和劳动份额放大了这种差异引发的 TFP 损失。柏培文（2012）在上述研究的基础上将两部分要素错配核算扩展至多部门，考察了全国总体、城乡和城市内部的劳动力错配程度。盖庆恩（2013）使用非位似的 Stone-Gary 效用函数，阐述了在封闭的两部门经济中，劳动力市场扭曲与劳动力生产率之间的关系。上述研究根据自身研究目的重点不同，提出了不同的要素错配方法。但大多研究均是利用行业中观或省级宏观数据，并未如同 H – K 框架利用企业微观数据更有利于揭示要素错配的本质（邵宜航等，2013）。

在 H – K 框架下，学者结合中国实际情况对其进行了不同程度的改进和不同维度的研究。多拉尔和魏尚进（Dollar and Wei，2007）通过对 12400 家中国企业的研究发现，仅改善资本要素错配便可以使得中国实际产出提升 5%。部分学者将企业利润函数修改为 $\pi_{si} = PY_{si} - (1 + \tau_{K_{si}}) r K_{si} - (1 + \tau_{L_{si}}) w L_{si}$，进一步考察了劳动力在企业间的错配情况。陈永伟和胡伟明（2011）的研究发现，中国制造业的要素价格扭曲造成实际产出下降了 15% ~ 20%。龚关和胡关亮（2013）放宽了 H – K 关于要素报酬不变的假定，运用 Levinsohn-Petrin 半参数估计方法分别估计了中国 482 个四位数制造业的生产弹性，发现 90% 以上的行业不具有规模报酬不变的性质。其发现若生产要素得到有效配置，1998 年制造业 TFP 会提高 57.1%；2007 年这一数值会达到 30.1%。韩剑和郑秋玲（2014）将 H – K 模型拓展到行业间的要素错配层面，发现行业内和行业间的要素错配分别造成了实际产出和潜在产出之间约 30% 和 5% 的缺口。靳来群等（2015）在勃兰特等（2013）的基础上，测算了各地区制造业中所有制差异引发的要素错配情况，发现 1998 ~ 2007 年所有制间劳动力要素错配所引发的 TFP 损失约为 100%；而资本要素错配引发的 TFP 损失约为 50%。除此之外，邵宜航等（2013）沿用 H – K 的思路讨论了企业分布规模与要素错配的关系，发现中国 1998 ~ 2007 年大企业的要素错配情况不断得到改善,而小企业的要素错配出现恶化趋势。

可见,H – K 要素错配研究框架在学术界具有极大的影响力,在后续研究中得到了广泛的应用。但其研究仍存在以下两点局限:(1)TFP 外生性的假定仅仅适用于对传统要素错配的研究,而忽略了经济创新增长中极为重要的内生状态要素的错配问题。内生增长理论提出技术进步内生于人力资本存量,人力资本被其视为经济持续增长的"发动机"。琼斯和罗默(2010)将创意存量和人力资本存量引入生产函数,以描述生产可能性边界的变化,从而对"人均 GDP 增长速度的差异随着该国与前沿科技水平的差距增加而增大"这一典型事实进行了解释。因而,在考虑人力资本这类内生状态变量的错配问题时,不仅需要关注到"稻田条件"下要素的边际产出递减效应,同时还应考虑要素积累对于企业 TFP 的贡献。(2)H – K 对生产要素在在位企业之间的配置情况提供了一个分析框架,但资源错配不仅可以发生在持续的在位企业之间,也可以存在于在位企业、有意进入市场的企业以及被迫退出市场的企业之间,从而将资源错配的外延扩大(Atkeson and Burstein,2019;Peters,2020)。班纳吉和莫尔(Banerjee and Moll,2010)据此将资源错配分为内涵型错配和外延型错配。内涵型错配关注在位企业间的要素配置问题,在要素达到最优配置时,在位企业的要素边际产出趋于一致,在要素未达到最优配置时,企业的边际产出呈现离散化的分布状态(Hsieh and Klenow,2009),上述研究均在此框架下进行;而外延型错配意为由于市场的不完备,阻碍了具有较高生产效率的企业进入市场,而较低生产效率的企业在政府补贴和保护等市场扭曲下得以持续存在,即"僵尸企业""影子企业"等(戴小勇,2018),从而导致生产要素在在位企业、有意进入市场的企业或需要退出市场的企业之间存在着错配(Yang,2011)。针对 H – K 要素错配框架下对传统要素错配问题研究存在的局限性,学者们逐渐进行了拓展研究。

2.2.2 人力资本配置效率的测算

随着研究的不断深入,要素错配的相关研究逐步由物质资本、劳动力等传统要素转向土地（杨继东和罗路宝，2018；张少辉和余永泽，2019）、能源（袁晓玲等，2016；蒋含明等，2018；徐盈之等，2019）、交通设施（邵宜航等，2013）等新兴生产要素。其中，在中国经济由高速发展向高质量增长转变、寻求新的增长点的背景下，人力资本配置问题受到了广泛的关注。谢长泰等（Hsieh et al.，2019）将罗伊模型（Roy modol）引入 H – K 框架进行拓展分析，发现美国 1960～2010 年人均产出增长的 20%～40% 可以用人才配置的改善来解释。沃尔拉斯（Vollrath，2014）收集了 14 个发展中国家的个体工资数据，基于 Mincer 工资方程估算了人力资本价格扭曲对于经济体 TFP 损失的影响。结果显示，若消除人力资本价格扭曲，大部分发展中国家的产出将增长约 5%。

对于中国转轨期人力资本错配的测算，李世刚和尹恒（2014）利用异质性个体的 OLG 模型职位，分析了人力资本在政府和企业间的错配所引致的产出损失。他们发现寻租导致人力资本大量流向政府等非生产性部门，在非货币吸引力较为正常的区域内，职位寻租所导致的人力资本错配引发了大约 10%～20% 的产出损失。还有一些学者关注到行业间的人力资本配置问题。纪雯雯和赖德胜（2015）利用随机超越对数生产函数在宏观层面上测算了中国 1997～2012 年 30 个省份（不含西藏、港澳台地区）的 TFP，并对 TFP 在物质资本、劳动力和人力资本三个维度上进行了分解，研究发现人力资本配置对 TFP 的影响最大。马颖等（2018）基于 Mincer 工资方程，从人力资本价格扭曲所导致的产出缺口出发，利用中国居民收入调查数据库（Chinese household income project survey，CHIPs）2007 年和 2013 年数据测算了中国行业间的人力资本错配程度，研究发现中国第一产业和第三产业中生活性、公共性服务业的人力资本供给相对过剩，而第二产业人力资本供给相对短缺，导致 2007 年和 2013 年中国实际总产出分别损失了 1.79% 和 1.63%。纪雯雯和赖德胜（2017）构建了人力资本沉淀系数，以考察人力资本在行业间的垂直化和沉淀化状态，发现 2005～2015 年人力资本在行业部门间的配置效率极低，仅有约 - 0.65。其中，公共部门的人力资本沉淀系数为 3.20；垄断部门的则为 1.24；竞争性部门的仅有 0.42，反映出公共部门和垄断部门严重的人力资本冗余。[①] 李静和楠玉（2018）同样指出，在如同中国这类转型期国家中，高等教育在人力资本培养上需兼顾市场需求和长远利益两个方面，这意味着人力资本市场可能出现所受教育供给与需求不匹配的问题。他们利用 2011 年、2014～2016 年这 4 年中国大学生就业相关数据，研究发现中国人才市场的供需错配问题不断恶化，其中历史学、法学和医学的错配程度最低；而工学和管理学最高，达到 30%。李欣泽等（2022）借助 2004 年中国经济普查数据测算了人力资本在竞争性和垄断性部门间的错配程度，发现中国东部和西部地区的人力资本错配要远大于中部地区。另一些学者则关注到区域层面的人力资本错配差距。人力资本结构研究课题组（2012）借鉴"耦合协调"考察了在中国工业经济运行中物质资本和人力资本的匹配程度，研究发现东部地区的匹配协调度在 0.5～0.6 之间；而中部地区略低于东部；西部地区的内部差异较大。解晋（2019）基于中国省级面板数据测算了 2000～2016 年各地区人力资本错配程度，研究发现东部地区表现为人力资本配置不足；而西部地区表现为过度配置。相比于中西部地区，东部地区的人力资本错配程度最高，但在样本期内的改善速度最快。

除此之外，关于外延型错配测算的相关研究为人力资本在就业和创业间的错配水平提供了一定启示（陈言和李欣泽，2018）。班纳吉和莫尔（2010）指出，即便市场中所有企业的要素边际产出相等，通过企业的进入和退出机制重新分配要素仍有可能提升生产效率，这被称为外延型错配。正如上文所述，不同于仅考虑在位企业间要素分配的内涵型错配，外延型错配还包括有意进入市场和需要退出市场企业间的资源配置问题。米德里根和许（Midrigan and Xu，2014）认为，要素市场摩擦会扭曲企业进入或退出市场的机制，相

---

① 对于不同部门间人力资本冗余问题的研究，学者们还从过度教育视角进行了一些探索。弗里曼（Freeman，1976）最早将过度教育定义为劳动力所拥有的教育水平超过了其实际工作需求，是一种人力资本浪费和人力资本配置低效的表现。颜敏和王维国（2017）利用 CHIPs 分析了中国各个部门过度教育的现状和演变，发现国有企业的过度教育现象要大于非国有部门。

对于在位企业间要素错配引发的生产效率损失，要素市场不完备导致的外延型错配引发的生产效率损失非常大。杰夫（Jaef，2014）同样将要素市场扭曲和企业在市场中进入或退出的动态变化联系起来后，研究发现要素错配程度大大增加。彼得斯（Peters，2020）基于微观数据的实证结果表明，生产要素在有意进入或退出企业间的动态配置所引发的效率损失是静态时的 4 倍之多。国内学者对于外延型错配的关注较少，盖庆恩等（2015）在彼得斯（2020）研究的基础上考虑到生产效率更高的企业由于要素价格昂贵而无法真正进入市场所导致的社会全要素生产率损失，其利用 1998 ~ 2007 年在红果国内工业企业数据库的研究发现，若资本要素的外延型错配得以消除，全要素生产率将可以提高 26.32%；若劳动力要素的外延型错配得以消除，全要素生产率将可以提高 33.12%。

2.3 人力资本错配研究的反思与启示

根据上述分析，已有研究为我们从所有制视角来理解中国人力资本错配提供了良好借鉴，尤其是对于人力资本错配形成机制，以往学者已经进行了较为全面的研究工作，但仍然在以下三个方面有待进一步深化：

（1）人力资本配置相关研究较为分散，有待于在一个统一的框架内进行解释。现有文献针对人力资本在政企间的配置扭曲、在行业间的配置扭曲、在职业选择间的配置扭曲等，分别从不同角度提供了可能的解释，包括市场失灵、金融摩擦、行业壁垒、政府干预等。这些研究为认识人力资本配置提供了大量洞见，但是，我们仍然希望能够在一个相对统一的框架下理解不同形式的人力资本错配，从而深化对于人力资本错配的认识。

（2）对于中国人力资本错配的测算缺乏微观层面的框架和证据。现有文献通过拓展 H - K 框架极大地丰富了要素配置领域研究，但这些研究主要聚焦于物质资本、劳动力、能源等传统生产要素。少数研究关注到人力资本生产要素的研究主要集中于中观或宏观层面；鲜有学者基于 H - K 框架，从微观层面来审视人力资本错配的问题。将 H－K 框架拓展至人力资本配置领域，并从微观层面展开分析，更有助于揭示人力资本错配的内在形成逻辑。

（3）诱发人力资本错配的"黑箱"有待打开。国外学者主要围绕制度质量讨论了人力资本配置扭曲的成因。这些研究大多基于理论建模的分析范式，并且为了保证模型具有足够的一般性，宽泛地将制度质量水平视为一个特定的参数。我们若要试图对缓解人力资本错配有所贡献，仍然需要知道究竟是哪些制度因素影响了人力资本配置。因而，我们需要去进一步打开这一"黑箱"，进而为修正人力资本错配提供具体的抓手。

第3章 行业垄断、工资溢价
与人力资本错配：机制1

3.1 引　　言

回顾中国的改革开放进程，稳步推进的国有企业改革对于提升国有企业绩效、保持国有企业竞争力产生了积极的影响。一方面，国有企业逐渐退出了其不具有"自生能力"的竞争性行业，集中于上游垄断部门；另一方面，以现代公司治理结构为目标，国有企业良好地完成了公司制改造。李楠和乔榛（2010）利用1996~2006年中国工业行业的相关数据考察了改制对于国有企业绩效的影响，结果发现，国有企业绩效从2003年以后便已经发生了根本性的好转，改制对于国有企业绩效的提高是显著的。然而，更多的研究文献则指出与非国有企业相比，国有企业的效率仍然偏低（Hovey and Naughton，2007；刘瑞明，2013）。不仅如此，吴延兵（2012）还发现，国有企业的公有产权属性决定了其同时存在着生产效率和创新效率的双重效率损失。以现代公司治理结构为目标的国有企业改革通过监督和激励机制设计实现了生产剩余索取权与控制权的匹配，提高了国有企业的生产效率，但这些改革措施不能实现创新剩余索取权与控制权的匹配，无法改善国有企业的创新效率。

与国有企业低效率相对应的另外一个特征性事实，是国有垄断部门的工资溢价和人力资本优势。尹志超和甘犁（2009）、叶林祥等（2011）研究发现，2000年以来，国有企业（公共部门）的工资水平已经逐渐赶上并超过了非国有部门，且不同所有制企业的工资差距在逐渐拉大。究其原因，德米尔热（Démurger et al.，2006）、邢春冰（2005，2007）等研究学者指出，国有部门和非国有部门的工资决定机制是存在着差异的。非国有部门的工资主要受市场因素影响，更多的由其边际生产率决定；国有部门则不同，其工资水平在所有者缺位等因素的影响下，主要受到了非市场性因素的影响。因此，中国劳动力市场存在着普遍的所有制分割，国有部门劳动力的教育回报率要明显高于非国有部门，也即存在着明显的工资溢价。工资溢价进一步激励人力资本从非国有部门向国有部门的转移，在国有部门内部形成人力资本优势（张车伟和薛欣欣，2008；薛欣欣和辛立国，2015）。然而，所有制分割虽然对于国有部门的工资溢价和人力资本优势具有一定的解释力，但既然其效率是低的，国有企业又是如何支付工资溢价并吸引到高素质和高技能的劳动力呢？另外的研究发现，行业或行政垄断是国有部门享有超额利润、支付工资溢价的根源，这主要是因为国有垄断部门依靠对资源的占有和行政特权，采取非市场化手段，获得超额利润，提高行业工资回报；同时通过垄断控制市场价格，将行业内部高工资、高福利的成本直接转嫁给消费者或政府（Dong，2005；李勇等，2015）。

通过以上讨论可以发现，中国的人力资本在不同所有制企业间是存在错配的。不仅如此，联系人力资本溢价和创新效率损失的相关文献还可以发现，在创新剩余索取权与控制权未实现匹配的前提下，国有垄断部门的创新效率较低。但即使如此，国有垄断部门仍然可以通过排他性的资源占有和垄断特权获得超额利润，并在所有者缺位的条件下将这些利润转化为"高工资"，导致人力资本溢价。因此，国有垄断是导致人力资本出现错配的重要原因。国有垄断的程度越高，人力资本错配的程度越大。

遵循上述研究思路，本章将人力资本生产要素引入 H-K 框架，构建人力资本错配测算框架。在此基础上，利用中国工业企业数据库1998~2007年的相关数据实证检验了国有垄断对人力资本错配的影响。

3.2　国有企业的高工资：效率工资还是工资溢价

国有企业产生人力资本错配的核心在于其工资溢价，而对于工资溢价或劳动力市场中的"同工不同酬"现象，传统的经济学理论主要从利润最大化和理性预期的角度进行了解释。其中，效率工资理论指出雇主出于监督成本、劳动生产率等方面的考虑，愿意支付工人高于市场结算水平的工资（Yellen，1984；Stiglitz，1984）。租金分享假说认为企业在获取超额利润时，会以"分租"的形式向员工作出租金让渡，这种公平的分配制度有利于增强员工对企业的信心，从而使其更加努力地工作（Neven and Roller，1996）。内部人模型则认为工资调整在很大程度上取决于在职工人而不是失业工人，在工会力量较为集中的行业，劳方所获得的工资将高于工会力量相对薄弱的行业，从而引起行业间工资差异（Shaked and Sutton，1984；Lindbeck and Snower，1986）。这些理论为我们理解中国国有企业的工资溢价现象提供了一定的启示，但对于中国国有企业这样一个拥有特殊的产权制度安排、处于高度行政干预环境中的主体而言，上述理论显然无法完全解释其特征。一些学者颇富洞见地指出，中国国有企业的高工资主要来源于行政干预下的超额利润，动因是不完全监督下企业经理人对个人利益的追求（岳希明等，2010；武鹏，2011；杨秀云等，2012）。下面将从这两个方面展开分析，并提出研究假设。

3.2.1　国有企业工资溢价的制度动因

在社会主义市场经济体制下，国有企业生产资料归全民所有，并不存在某个实际的控股自然人。那么，如何安排企业的控制权便成了国有企业治理的一个中心议题。在计划经济时期，国有企业由政府直接控制，企业自身没有自主经营权。这样做的好处是能够减少企业经理人与政府间目标不一致所产生的代理成本，尽可能地让国有企业服务于国家战略目标，但是由于政府部门对市场信息的处理能力十分有限，过度的政府干预可能产生"瞎指挥"和"管得过死"的弊端，导致企业效率往往十分低下。

改革开放以来，中国逐渐将国有企业在法律意义上的所有权和经济意义上的所有权（经营权）相分离。整体来看，"两权分离"对于改善国有企业效率产生了一定的积极作用，但十分有限，并且还滋生了一些新的问题。（1）"两权分离"有效地调动了经理人的积极性（Aghion and Tirole，1997），在很大程度上解决了企业的短期激励问题，但却难以解决选人用人的长期激励问题。国有企业经理人通常由政府官员进行选拔，而由于企业家的才能本身难以观测，政府官员们很难准确地判断出一个人能否胜任企业经理人。在这种情况下，即便一些自知能力较低的人也有意愿来竞争岗位，进一步增大了经理人选拔的难度，这也就是所谓的"逆向选择"问题。相比较之下，民营企业的实际控制人往往也是企业的所有者，真正承担着资本的风险。资本的风险会劝退那些滥竽充数的人，从而自动筛选出最具有企业家精神的人才。总之，国有企业所面临的"逆向选择"问题是导致其效率始终低于民营企业的一个重要原因（张维迎，1999）。（2）在计划经济时期或改革开放早期，中国的国有企业更像是政府的一个职能部门，承担着帮助政府完成部分战略目标的"政策性负担"。随着改革的深化，国有企业身上的一些"战略性负担"逐渐被剥离，但仍然承担着吸纳就业、维护社会稳定等"社会性负担"。一般来说，企业经理人的经营职责是最大化公司利润，但"社会性负担"使得国有企业经理人的经营职责变得模糊起来。在这种条件下，即便企业经营不善，经理人仍然可以以社会性负担为借口而避免责罚（林毅夫和李志赟，2004）。这使经理人的"道德风险"行为被发现和查处的可能性大大降低，从而增加了国有企业经理人滥用职权，如扩大利润留存比例、滥发奖金、把建设资金用于改善职工福利等行为的发生概率（闫伟，1999）。正如吴延兵（2006）所言，"两权分离"非但没有激励经理人搭建一个有效的利润分配机制，反而产生了更为复杂的多级委托代理关系。在多级委托代理关系下，经理人的薪酬约束进一步加剧了其通过剩余索取权和控制权不匹配进行寻租的动力。

综上所述，"两权分离"改革始终面临着代理成本和政治控制成本的权衡。政府加强对国有企业的控制，虽然有利于降低经理人滥用职权的代理成本，但会降低其积极性；而放松对国有企业的控制又会产生庞大的代理成本。一些学者指出，问题的根源在于改革者把国有企业改革思路局限于企业自主权的分配，而几乎不涉及所有制结构、政府体制和公司治理等问题。20 世纪90 年代末期，中国国有企业改革进入了一个新的阶段。在以"抓大放小"为主导策略的改革政策中，下游中小国有企业逐渐完成了民营化改造，上游大型国有企业受到的影响相对较小。

国有企业改革在代理成本和政治控制成本之间的两难选择，是导致工资溢价，继而引发人力资本错配的根本制度动因。一方面，由于高昂的代理成本，国有企业效率相较于民营企业较低，从而使得企业人力资本的边际产出相对较低；另一方面，国有企业经理人拥有提高平均工资水平的动机。因为，国有企业内部的工资管理机制具有"共享式"特征，经理人提升自身工资水平需要以提升企业平均工资为前提。例如，2009 年 9 月 16 日，人力资本和社会保障部等六部门联合出台的《关于进一步规范中央企业负责人薪酬管理的指导意见》规定，国有企业高管年薪不得超出职工平均工资的 20 倍。因此，国有企业虽然人力资本边际产出较低，但内部却往往存在着"高工资、高福利"，从而吸引人力资本进入，形成人力资本错配。据此，提出第一个研究假设：

H3 - 1：国有企业与非国有企业间存在着人力资本错配。

3.2.2 国有企业工资溢价的租金来源

国有企业所获取的租金来源于三个方面：（1）行业壁垒。长期的计划经济使得国有企业与地方政府之间形成了错综复杂的紧密关系。改制虽然使国有企业退出了竞争行业，但时至今日，国有企业仍在能源、电信、金融等上游部门处于主导地位，对地方经济增长起着决定性作用。地方政府出于就业、税收和非经济因素等方面的考虑，近乎本能地采用行政命令方式限制其他企业进入特定的行业或领域，通过地方保护和市场分割维持国有垄断企业的垄断地位，并间接地维持其超额利润（靳来群等，2015）。（2）信贷竞争优势。中国当前是以银行业为主导的金融体系，金融市场尚不发达，加之银行业同样是以国有企业为主的国有垄断行业，导致政府、国有银行和国有企业三者共同垄断了信贷资源，支配着信贷资源的流向。在这种情况下，即使国有企业的效率很低，其仍然可以获得低于市场价格的廉价信贷资源；而非国有企业则普遍面临着"融资难、融资贵"的问题，即信贷所有制歧视。随着中国金融市场的日益发展，部分学者对于信贷所有制歧视观点提出异议。例如，白俊和连立帅（2012）认为，信贷资源的配置主要是由企业规模、盈利状况等自身禀赋所决定的，并不存在人为的干预和影响，其仍然是由间接融资（银行信贷）自身的属性和市场因素所决定的。但事实上国有企业自身的禀赋优势正是由于其国有身份所决定的，并进一步转化成为信贷资源竞争优势。不仅如此，这种优势不仅使得国有企业的资本规模可以无限制扩大，还在边际技术替代率为 0 和人力资本溢价的条件下导致人力资本规模同步提高，从而强化了国有企业的人力资本优势。[①]（3）信贷竞争优势还延伸出了第三种行政垄断特权——政府补贴。在政绩考核压力以及政府领导人自身职业发展的影响下，地方政府官员为经济增长排名进行竞争以实现个人效用最大化，相较于研发补贴这种总量小、时效性差的补贴方式，地方政府更偏好于向大型国有企业直接提供税收和出口补贴（罗宏等，2016）。不仅如此，在政府补贴的保护下，相对于中小企业，国有企业的信贷风险更小，金融机构也倾向于向国有企业提供信贷服务，这同样确保了国有企业的超额利润。

综上所述，国有属性的特殊产权制度使得剩余索取权和剩余控制权出现错配，为经营者攫取"租金"提供了空间。而在共享式薪酬制度安排下，经

---

① 吴延兵（2012）认为，由于无法实现创新剩余索取权与控制权的匹配，国有企业的边际技术替代率长期为 0。

营者出于自身利益考虑具有租金分享的动力，使得本该归属于全民所有的利益被国有企业内部少数群体瓜分，不仅直接损害了全体公民的利益，还进一步通过工资溢价诱发人力资本错配，构成了双重效率损失。正如张车伟和学欣欣（2008）的研究所表明，中国国有部门的工资溢价中约 80% 都来自人力资本优势，尤其是工资分布的高端，所有制间的工资差距完全体现为人力资本的差异。鉴于此，提出以下两个研究假设：

H3 - 2：国有垄断对人力资本错配具有正向显著影响。

H3 - 3：国有垄断主要通过行业壁垒、政府补贴和信贷偏好三个方面提高了人力资本错配程度。

3.3　所有制间的人力资本错配测算

3.3.1　所有制间人力资本错配的测算框架

内生增长理论认为，人力资本与资本、劳动等生产要素一样，是经济增长中不可忽视的因素。而将人力资本考虑到生产函数后，规模报酬不变的生产函数便不再合适了。于是，将人力资本引入 H - K 错配框架，放宽规模报酬不变的假定条件。参照勃兰特等（2013）的做法，将经济体划分为国有部门和非国有部门两部分，企业生产函数的形式设定为：

$$Y_{sij} = TFP_{sij} K_{sij}^{\alpha_s} L_{sij}^{\beta_s} H_{sij}^{\gamma_s} \tag{3.1}$$

其中，s 表示第 s 个行业，i 表示第 i 个部门（国有部门和非国有部门），j 表示第 j 个企业；Y_{sij}、TFP_{sij} 和 K_{sij} 分别表示企业的真实产出、全要素生产率和资本存量；L_{sij} 和 H_{sij} 分别表示无技能劳动力规模和平均人力资本，衡量了企业的劳动力数量和劳动力质量；α_s、β_s 和 γ_s 为对应要素的生产弹性，$\alpha_s + \beta_s + \gamma_s$ 可以不等于 1。假定各部门和各行业均存在一个代表性厂商为经济体提供最终消费品生产所需的中间品和最终消费品，部门和行业层面的代表性厂商的生产函数均符合 CES 生产函数形式：

$$Y_{si} = \left(\sum_{j=1}^{M_{si}} Y_{sij}^{\phi} \right)^{1/\phi} \tag{3.2}$$

$$Y_s = \left(Y_{sn}^{\sigma} + Y_{sp}^{\sigma} \right)^{1/\sigma} \tag{3.3}$$

其中，ϕ 为企业间产品的替代弹性。设 $K_{si} = \sum_{j=1}^{M_i} K_{sij}$、$L_{si} = \sum_{j=1}^{M_i} L_{sij}$、$H_{si} = \sum_{j=1}^{M_i} H_{sij}$，以及 $K_s = K_{sn} + K_{sp}$、$L_s = L_{sn} + L_{sp}$、$H_s = H_{sn} + H_{sp}$，K_{si}、L_{si} 和 H_{si} 分别表示第 s 个行业中第 i 个部门总体的资本、劳动力数量和人力资本存量，K_s、L_s 和 H_s 分别表示第 s 个行业总体的资本、劳动力数量和人力资本存量。令 $k_{sij} = K_{sij}/K_{si}$、$l_{sij} = L_{sij}/L_{si}$、$h_{sij} = H_{sij}/H_{si}$，以及 $k_{si} = K_{si}/K_s$、$l_{si} = L_{si}/L_s$、$h_{si} = H_{si}/H_s$，分别表示第 s 个行业中资本、劳动力数量和人力资本在各部门内以及在行业总体内的配置方式，第 s 个行业以及第 s 个行业中第 i 个部门的全要素生产率 TFP_s 和 TFP_{si} 可分别表示为：

$$TFP_s = \left(Y_{sn}^{\sigma} + Y_{sp}^{\sigma} \right)^{1/\sigma} / K_s^{\alpha_s} L_s^{\beta_s} H_s^{\gamma_s} = \left[\left(TFP_{sn} k_{sn}^{\alpha_s} l_{sn}^{\beta_s} h_{sn}^{\gamma_s} \right)^{\sigma} + \left(TFP_{sp} k_{sp}^{\alpha_s} l_{sp}^{\beta_s} h_{sp}^{\gamma_s} \right)^{\sigma} \right]^{1/\sigma} \tag{3.4}$$

$$TFP_{si} = \left(\sum_{j=1}^{M_{si}} Y_{sij}^{\phi} \right)^{1/\phi} / K_{si}^{\alpha_s} L_{si}^{\beta_s} H_{si}^{\gamma_s} = \left(\sum_{j=1}^{M_{si}} \left(TFP_{sij} k_{sij}^{\alpha_s} l_{sij}^{\beta_s} h_{sij}^{\gamma_s} \right)^{\phi} \right)^{1/\phi} \tag{3.5}$$

从式（3.4）和式（3.5）可以看出，行业和部门的全要素生产率主要与生产要素的均衡配置程度有关。此模型涉及三种投入要素，而厂商面临的扭曲由产出扭曲、资本价格扭曲、劳动力价格扭曲以及人力资本价格扭曲四部分组成。这里假定相对于产出扭曲，引起资本产出价值变化的扭曲为 τ_{sij}^{k}，引起劳动力产出价值变化的扭曲为 τ_{sij}^{l}，这两种要素的扭曲在以往研究中已得到大量讨论。本节重点讨论相对于产出扭曲，引起人力资本产出价值变化的扭曲，用 τ_{sij}^{h} 表示。例如，企业创新动力不足使得人力资本的边际产出价值下降。结合式（3.1），企业的利润最大化问题可以表示为：

$$\max \left\{ P_{sij} TFP_{sij} K_{sij}^{\alpha_s} L_{sij}^{\beta_s} H_{sij}^{\gamma_s} - \tau_{sij}^{k} R K_{sij} - \tau_{sij}^{l} \omega L_{sij} - \tau_{sij}^{h} \upsilon H_{sij} \right\} \tag{3.6}$$

其中，R、ω 和 υ 分别表示租金率、单位劳动报酬和人力资本收益率；P_{sij} 为企业产品定价。根据部门和企业利润最大化的一阶条件可推导出企业和部门产品的定价公式：

$$P_{sij} = \left(P_{si}^{1/(1-\phi)} Y_{si} \right)^{(\alpha_s + \beta_s + \gamma_s) T_s} \lambda_s^1 \overline{TFP_{sij}} \tag{3.7}$$

$$P_{si} = \left(Y_{si}^{nor} \right)^{(\alpha_s + \beta_s + \gamma_s)(\phi-1)} \lambda_s^1 \overline{TFP_{si}}^{[1-(\alpha_s + \beta_s + \gamma_s)]} \tag{3.8}$$

其中，$\lambda_s^1 = \left[\left(\dfrac{\alpha_s}{R} \right)^{\alpha_s} \left(\dfrac{\beta_s}{\omega} \right)^{\beta_s} \left(\dfrac{\gamma_s}{v} \right)^{\gamma_s} \right]^{T_s}$，$T_s = \dfrac{1-\phi}{\phi(\alpha_s + \beta_s + \gamma_s) - 1}$，$\overline{TFP_{sij}} = TFP_{sij}^{T_s} \cdot$

$\left(\tau_{sij}^{k-\alpha_s} \tau_{sij}^{l-\beta_s} \tau_{sij}^{h-\gamma_s} \right)^{T_s}$，$\overline{TFP_{si}} = \left(\displaystyle\sum_{j=1}^{M_{si}} \overline{TFP_{sij}}^{\phi/(\phi-1)} \right)^{(\phi-1)/\phi}$，$P_{sij}$ 和 P_{si} 分别表示第 s 个

行业中企业 j 和部门 i 的产品价格。$Y_{si}^{nor} = P_{si} Y_{si}$，表示行业 s 中部门 i 的名义产出。根据企业利润最大化的一阶条件可以推导出资本、劳动力数量和人力资本两两之间的均衡需求比，结合部门利润最大化一阶条件可得行业 s 部门 i 中企业间的要素均衡配置方式：

$$k_{sij} = \frac{\left[\overline{TFP_{sij}}^{\frac{1}{\phi-1}} TFP_{sij}^{-1} \left(\dfrac{\tau_{sij}^h}{\tau_{sij}^k} \right)^{\gamma_s} \left(\dfrac{\tau_{sij}^l}{\tau_{sij}^k} \right)^{\beta_s} \right]^{\frac{1}{\alpha_s + \beta_s + \gamma_s}}}{\displaystyle\sum_{j=1}^{M_{si}} \left[\overline{TFP_{sij}}^{\frac{1}{\phi-1}} TFP_{sij}^{-1} \left(\dfrac{\tau_{sij}^h}{\tau_{sij}^k} \right)^{\gamma_s} \left(\dfrac{\tau_{sij}^l}{\tau_{sij}^k} \right)^{\beta_s} \right]^{\frac{1}{\alpha_s + \beta_s + \gamma_s}}} \tag{3.9}$$

$$l_{sij} = \frac{\left[\overline{TFP_{sij}}^{\frac{1}{\phi-1}} TFP_{sij}^{-1} \left(\dfrac{\tau_{sij}^h}{\tau_{sij}^l} \right)^{\gamma_s} \left(\dfrac{\tau_{sij}^k}{\tau_{sij}^l} \right)^{\alpha_s} \right]^{\frac{1}{\alpha_s + \beta_s + \gamma_s}}}{\displaystyle\sum_{j=1}^{M_{si}} \left[\overline{TFP_{sij}}^{\frac{1}{\phi-1}} TFP_{sij}^{-1} \left(\dfrac{\tau_{sij}^h}{\tau_{sij}^l} \right)^{\gamma_s} \left(\dfrac{\tau_{sij}^k}{\tau_{sij}^l} \right)^{\alpha_s} \right]^{\frac{1}{\alpha_s + \beta_s + \gamma_s}}} \tag{3.10}$$

$$h_{sij} = \frac{\left[\overline{TFP_{sij}}^{\frac{1}{\phi-1}} TFP_{sij}^{-1} \left(\dfrac{\tau_{sij}^k}{\tau_{sij}^h} \right)^{\alpha_s} \left(\dfrac{\tau_{sij}^l}{\tau_{sij}^h} \right)^{\beta_s} \right]^{\frac{1}{\alpha_s + \beta_s + \gamma_s}}}{\displaystyle\sum_{j=1}^{M_{si}} \left[\overline{TFP_{sij}}^{\frac{1}{\phi-1}} TFP_{sij}^{-1} \left(\dfrac{\tau_{sij}^k}{\tau_{sij}^h} \right)^{\alpha_s} \left(\dfrac{\tau_{sij}^l}{\tau_{sij}^h} \right)^{\beta_s} \right]^{\frac{1}{\alpha_s + \beta_s + \gamma_s}}} \tag{3.11}$$

可以看出，要素均衡需求比是要素单位价格和扭曲程度的函数，与全要素生产率无关；而企业的要素均衡需求还与全要素生产率以及行业整体的规模报酬性质相关。进一步结合经济体利润最大化一阶条件，可得行业 s 部门间

的要素均衡配置方式：

$$k_{si} = \frac{\left(Y_{si}^{nor}{}^{\frac{(\alpha_s+\beta_s+\gamma_s)(\phi-1)}{\sigma-1}}\overline{TFP_{si}}^{\frac{[1-(\alpha_s+\beta_s+\gamma_s)]}{\sigma-1}+1}\eta_{si}^{k}\right)^{\frac{1}{\alpha_s+\beta_s+\gamma_s}}}{\sum_{i}^{n,p}\left(Y_{si}^{nor}{}^{\frac{(\alpha_s+\beta_s+\gamma_s)(\phi-1)}{\sigma-1}}\overline{TFP_{si}}^{\frac{[1-(\alpha_s+\beta_s+\gamma_s)]}{\sigma-1}+1}\eta_{si}^{k}\right)^{\frac{1}{\alpha_s+\beta_s+\gamma_s}}} \qquad (3.12)$$

$$l_{si} = \frac{\left(Y_{si}^{nor}{}^{\frac{(\alpha_s+\beta_s+\gamma_s)(\phi-1)}{\sigma-1}}\overline{TFP_{si}}^{\frac{[1-(\alpha_s+\beta_s+\gamma_s)]}{\sigma-1}+1}\eta_{si}^{l}\right)^{\frac{1}{\alpha_s+\beta_s+\gamma_s}}}{\sum_{i}^{n,p}\left(Y_{si}^{nor}{}^{\frac{(\alpha_s+\beta_s+\gamma_s)(\phi-1)}{\sigma-1}}\overline{TFP_{si}}^{\frac{[1-(\alpha_s+\beta_s+\gamma_s)]}{\sigma-1}+1}\eta_{si}^{l}\right)^{\frac{1}{\alpha_s+\beta_s+\gamma_s}}} \qquad (3.13)$$

$$h_{si} = \frac{\left(Y_{si}^{nor}{}^{\frac{(\alpha_s+\beta_s+\gamma_s)(\phi-1)}{\sigma-1}}\overline{TFP_{si}}^{\frac{[1-(\alpha_s+\beta_s+\gamma_s)]}{\sigma-1}+1}\eta_{si}^{h}\right)^{\frac{1}{\alpha_s+\beta_s+\gamma_s}}}{\sum_{i}^{n,p}\left(Y_{si}^{nor}{}^{\frac{(\alpha_s+\beta_s+\gamma_s)(\phi-1)}{\sigma-1}}\overline{TFP_{si}}^{\frac{[1-(\alpha_s+\beta_s+\gamma_s)]}{\sigma-1}+1}\eta_{si}^{h}\right)^{\frac{1}{\alpha_s+\beta_s+\gamma_s}}} \qquad (3.14)$$

其中，

$$\eta_{si}^{k} = \frac{\left(\sum_{j=1}^{M_{si}}\left[\overline{TFP_{sij}}^{\frac{1}{\phi-1}}TFP_{sij}^{-1}\left(\frac{\tau_{sij}^{h}}{\tau_{sij}^{k}}\right)^{\gamma_s}\left(\frac{\tau_{sij}^{l}}{\tau_{sij}^{k}}\right)^{\beta_s}\right]^{\frac{1}{\alpha_s+\beta_s+\gamma_s}}\right)^{\alpha_s+\beta_s+\gamma_s}}{\sum_{j=1}^{M_{si}}\overline{TFP_{sij}}^{\phi/(1-\phi)}}$$

$$\eta_{si}^{l} = \frac{\left(\sum_{j=1}^{M_{si}}\left[\overline{TFP_{sij}}^{\frac{1}{\phi-1}}TFP_{sij}^{-1}\left(\frac{\tau_{sij}^{h}}{\tau_{sij}^{l}}\right)^{\gamma_s}\left(\frac{\tau_{sij}^{k}}{\tau_{sij}^{l}}\right)^{\alpha_s}\right]^{\frac{1}{\alpha_s+\beta_s+\gamma_s}}\right)^{\alpha_s+\beta_s+\gamma_s}}{\sum_{j=1}^{M_{si}}\overline{TFP_{sij}}^{\phi/(1-\phi)}}$$

$$\eta_{si}^{h} = \frac{\left(\sum_{j=1}^{M_{si}}\left[\overline{TFP_{sij}}^{\frac{1}{\phi-1}}TFP_{sij}^{-1}\left(\frac{\tau_{sij}^{k}}{\tau_{sij}^{h}}\right)^{\alpha_s}\left(\frac{\tau_{sij}^{l}}{\tau_{sij}^{h}}\right)^{\beta_s}\right]^{\frac{1}{\alpha_s+\beta_s+\gamma_s}}\right)^{\alpha_s+\beta_s+\gamma_s}}{\sum_{j=1}^{M_{si}}\overline{TFP_{sij}}^{\phi/(1-\phi)}}$$

将式（3.9）至式（3.11）代入式（3.5）可得行业 s 中部门 i 的全要素生产率 TFP_{si}；将式（3.12）至式（3.14）以及 TFP_{si} 代入式（3.4）可得行业 s 整体的全要素生产率 TFP_s。在不存在要素错配的情况下，行业总体和部门的全要素生产率达到最优，有效状态下的行业和部门全要素生产率即为 $\tau_{sij}^{k} = \tau_{sij}^{l} = \tau_{sij}^{h} = 1$ 时的解 TFP_s^* 和 TFP_{si}^*。借鉴谢长泰和克列诺（2009）的做法，将要素错配归结为全要素生产率的损失：

$$TFPlost_s = TFP_s^*/TFP_s - 1 \qquad (3.15)$$

$TFPlost_s$ 即为所有制引起的要素错配进而产生的全要素生产率损失，也可解释为：当生产要素在所有制部门间有效配置时全要素生产率的潜在增长。对于所有制引起的各生产要素错配进而产生的全要素生产率损失：当 $\tau_{sij}^l = \tau_{sij}^h = 1$ 时，测算所有制引起的资本错配程度；当 $\tau_{sij}^k = \tau_{sij}^h = 1$ 时，测算所有制引起的劳动力数量错配程度；当 $\tau_{sij}^k = \tau_{sij}^l = 1$ 时，测算所有制引起的人力资本错配程度。

3.3.2　数据来源、处理和参数设置

本章使用的是 1998～2007 年中国工业企业数据库。[①] 该数据库由国家统计局提供，包括全部国有企业和主营业务收入大于 500 万元的民营工业企业，覆盖全国 31 个省份。测算用到的指标包括工业增加值、固定资产净值年平均余额、年度应付工资总额、年平均职工人数、注册类型、行业编码等。首先，按照《国民经济行业分类》（GB/T 4754 – 2002）为标准的两位数行业代码进行分类，为消除 2003 年国家统计局对行业代码调整所产生的影响，按照新的标准对 2003 年之前的样本进行了调整。其次，以 1991 年为基期，利用 CPI 对企业年度应付工资总额进行平减，利用原材料、燃料、动力购进价格指数对中间品投入进行平减，利用固定资产价格指数对固定资产净值年平均余额进行平减。最后，参照蔡洪滨和刘俏（Cai and Liu，2009）的处理方法，剔除样本中的异常值：删除工业总产值、工业增加值、全部从业人员年平均人数、固定资产净值年平均余额、流动资产净值年平均余额、全年营业收入、主营业务收入、资产总计、管理费用、补贴收入、负债额、产品销售收入为负数的样本，删除年平均从业人员人数为 8 以下的样本，删除固定资产净值年平均余额小于资产总计、流动资产净值年平均余额小于资产总计、全年营业收入小于主营业务收入的样本。并借鉴陈林（2018）的研究方法，利用上市公司最终控制人界定民营企业的办法界定国有企业，具体是根据控股情况和登

---

① 2004 年数据不包含工业总产值，因而在下文测算中剔除了该年度数据。

记注册类型来确定企业产权性质：当国有控股大于50%，且登记注册类型为国有企业或国有绝对控股企业时，该企业为国有企业。

此时，需要考虑到的一个重要问题是国有企业混合所有制改革所引发的企业所有制身份的变化。国有企业在混合所有制改革过程中不断引入民营资本，使其所有制属性由国有企业变为混合所有制企业（非国有企业），这对所有制间要素错配的测算结果会产生严重影响。因而，我们剔除了此类样本，[①] 最终保留1377919个样本，涉及38个两位数行业，485984个企业，52291个国有企业。

(1) 企业全要素生产率（TFP）。企业 TFP_{sij} 表示如下：

$$TFP_{sij} = \frac{Y_{sij}^{nor}}{P_s K_{sij}^{\alpha_s} L_{sij}^{\beta_s} H_{sij}^{\gamma_s}} \left(\frac{Y_{sij}^{nor}}{\sum\limits_{j=1}^{M_{si}} Y_{sij}^{nor}}\right)^{\frac{1-\phi}{\phi}} \left(\frac{Y_{si}^{nor}}{Y_{sn}^{nor} + Y_{sp}^{nor}}\right)^{\frac{1-\sigma}{\sigma}} \quad (3.16)$$

式（3.16）中，P_s 虽然是不可观测变量，但它是一个跨行业变量，并不会影响对各行业人力资本错配程度的测算结果。为尽可能提高测算结果的稳健性，这里剔除了 TFP_{sij} 前后0.5%异常值。

(2) 人力资本规模。利用固定资产净值年平均余额衡量企业的资本存量；利用年平均职工人数衡量企业的劳动力数量。但中国工业企业数据库仅有2004年完整地提供了有关企业劳动力教育水平的信息，使得各年份企业人力资本规模相关数据难以直接获取。幸运的是，梅佩礼（Mabee，1997）提出了一种将教育与劳动力收入相结合的人力资本测度方法。其假定在同一经济环境下，工资差异仅仅来源人力资本的差异，若以没有任何教育经历的个体的工资（基本工资）作为人力资本的计量单位，则用劳动者所获得的实际工资除以基本工资就可以表示该劳动者的人力资本水平。该方法实施的核心问题是如何估算出某一经济环境下的基本工资水平，针对此，梅佩礼（1997）基于明瑟（Mincer）工资方程估算出教育对工资的影响作用，并取截距项作为该经济环境下的基本工资。

---

① 当国有资本控股的企业增加了非国有资本，并实现非国有资本控股，则定义为该样本实施了混合所有制改革。最终发现样本中经历了混合所有制改革的国有企业有6620个，占国有企业样本约11.89%。

　　2004 年中国工业企业数据提供了有关各企业劳动力受教育程度的详细信息，因而，可利用该年度数据估算工业行业的明瑟工资方程。为尽可能避免由于行业、地区等经济环境的异质性对基本工资和教育收益率的影响，我们还对行业和地区特征进行了控制。具体估算过程如下：首先，将劳动力所具有的不同学历处理为定距变量，即高中学历 =9，大专学历 =15，大学本科学历 =16，研究生及以上学历 =19，从而测算出各企业劳动力的平均受教育年限（edu）；其次，参照方军雄（2009，2011）、李焰等（2010）、巫强和葛玉好（2014）等学者对于工资方程的设定方法，建立工资方程如下：

$$
\begin{aligned}
Ave\_wage_{sij} =\ & \alpha + \beta_1 edu_{sij} + \beta_2 age_{sij} + \beta_3 revenue_{sij} + \beta_4 scale_{sij} + \beta_5 control_{sij} \\
& + \beta_6 gdp_{sij} + \beta_7 dum1_{sij} + \beta_8 dum2_{sij} + \beta_2 age_{sij} \times edu_{sij} + \beta_3 revenue_{sij} \\
& \times edu_{sij} + \beta_4 scale_{sij} \times edu_{sij} + \beta_5 control_{sij} \times edu_{sij} + \beta_6 gdp_{sij} \times edu_{sij} \\
& + \beta_7 dum1_{sij} \times edu_{sij} + \beta_8 dum2_{sij} \times edu_{sij} + \lambda_j + \varepsilon_{ij}
\end{aligned}
\tag{3.17}
$$

其中，s 表示第 s 个省份，i 表示第 i 个企业，j 表示第 j 个行业；α 为截距项，可认为是企业的最低工资保障；Ave_wage 表示企业平均工资；age 为企业成立年数；$revenue$ 为企业收益率，利润总额除以总资产；$scale$ 为企业规模，总资产的对数；$control$ 为国有控股情况，国有绝对控股 =1，其他 =0；gdp 为企业所在地区国内生产总值的对数；$dum1$ 为企业是否在中部地区，是 =1，否 =0；$dum2$ 为企业是否在西部地区，是 =1，否 =0；λ_j 为行业固定效应，ε_{ij} 表示残差项。考虑到上述控制变量不仅会影响到基本工资（Basic_wage），也会影响到教育收益率，且两种影响可能存在差异，因此，我们在工资方程中引入了企业劳动力平均受教育年限与控制变量的交互项。从式（3.17）可以看出，企业基本工资为：

$$
\begin{aligned}
Basic\_wage =\ & \alpha + \beta_2 age_{sij} + \beta_3 revenue_{sij} + \beta_4 scale_{sij} + \beta_5 control_{sij} + \beta_6 gdp_{sij} \\
& + \beta_7 dum1_{sij} + \beta_8 dum2_{sij} + \lambda_j + \varepsilon_{ij}
\end{aligned}
\tag{3.18}
$$

则企业人力资本规模为：

$$
h_{ij} = Ave\_wage_{ij} / Basic\_wage_{ij}
\tag{3.19}
$$

表 3－1 报告了企业人力资本规模的估算结果。国有企业的人力资本规模平均水平为 1.5132；而其他企业仅有 1.1954，低于样本平均水平，远低于国有企业，表明国有企业具有较大的人力资本优势。

表 3－1　　　　　　　　　　人力资本规模估算结果

样本类型	均值	方差	最大值	最小值
总样本	1.2447	0.8313	7.3011	0.1036
国有企业	1.5132	1.5453	6.9415	0.1104
其他企业	1.1954	0.6848	7.3011	0.1036

图 3－1 报告了人力资本在企业间的分布情况。从图 3－1（a）来看，随着时间推移，图形不断右移，这符合中国自 1999 年高校扩招以来人力资本规模迅速扩张的实际情况。另外，图形不断变"矮"且"胖"，且右侧拖尾变"厚"，表明各企业的人力资本规模差距在逐渐扩大，人力资本规模较大的企业不断增多。图 3－1（b）则报告了国有企业和其他企业的人力资本分布情况，总样本与其他企业的分布几乎一致；而国有企业的图形相对靠右，并且具有"矮"而"胖"的特征，说明国有企业具有较大的人力资本优势，但即便在国有企业中，也存在着较大的人力资本规模差距。

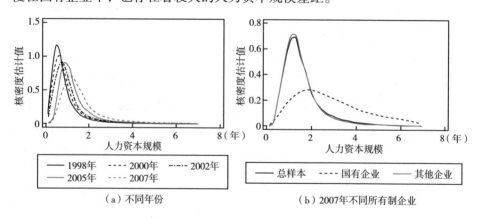

（a）不同年份　　　　　　　　　　（b）2007年不同所有制企业

图 3－1　人力资本规模分布

资料来源：笔者根据中国工业企业统计数据库测算得到。

（3）要素生产弹性。目前计算企业要素生产弹性主要有 OP（olley-pakes approach）和 LP（lucas-pigou approach）两种方法。龚关和胡关亮（2013）认为相对于 OP 方法，LP 方法在解决内生性问题和代理变量有效性方面更具有优势。因此，采用 LP 方法。具体以工业增加值作为产出变量，以劳动力数量和高学历劳动力规模作为自由变量，固定资产年平均余额作为资本变量，中间品投入作为代理变量，分别估计 188 个行业的要素生产弹性（α_i、β_i 和 γ_i）。采用 Wald 检验对行业规模报酬性质进行检验，结果显示，在 5% 的显著性水平下，90% 以上的行业均拒绝了规模报酬不变的原假设。具体的检测结果中，仅有卷烟制造业，其他水的处理、利用与分配业，自来水的生产和供应业等行业为规模报酬不变行业；其余均为规模报酬递减行业。这与龚关和胡关亮（2013）测算所得出的 90% 以上行业均具有规模报酬不变性质的结果具有较大出入，我们认为这主要是由于在生产函数中引入人力资本生产要素所致。中国长期以来，国有企业创新动力不足而民营企业创新资源不足，经济整体的创新效率低下，导致 TFP 长期在较低水平波动，仅有个别政府干预下高度垄断的行业凭借垄断利润实现了规模报酬不变。

图 3-2 报告了各行业各要素生产弹性的核密度估计，反映了各行业各要素生产弹性的分布特征。图中横轴为各要素生产弹性，纵轴为核密度估计值。从图中可以看出，资本生产弹性的分布"高"而"瘦"，右侧拖尾相对较"薄"；人力资本生产弹性的分布"矮"而"胖"，右侧拖尾相对较"厚"；而劳动力数量生产弹性处于两种状态中间。这可以说明：（1）中国各行业的资本生产弹性分布相对较为集中，各行业之间的差距较小，而人力资本生产弹性在各行业的差距较大，劳动力数量生产弹性分布处于两者之间；（2）人力资本生产弹性相对较高企业的数量要高于资本和劳动力数量生产弹性较高的企业。

3.3.3　所有制间人力资本错配的测算结果分析

根据如上计算步骤，本节首先计算了人力资本错配程度，表 3-2 报告了

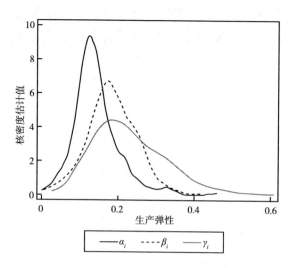

图 3 - 2　要素生产弹性分布

资料来源：笔者根据中国工业企业统计数据库测算得到。

1998 ~ 2007 年资源错配的测算结果（行业均值）。仔细观察计算结果可以发现，若各要素资源在不同所有制企业间有效配置，1998 年中国工业行业 TFP 提升 100.14%，2007 年提升 74.37%；若仅人力资本在不同所有制企业间有效配置，1998 年中国工业行业 TFP 提升 36.67%，2007 年提升 29.51%，要远高于资本和劳动力数量有效配置后的 TFP 潜在增长，表明相对于资本和劳动力数量，人力资本的错配问题更为严重。自 1998 年以来，中国工业行业中总体资源错配程度以及各生产要素错配程度几乎均呈现逐年下降的趋势。相较于 1998 年，2007 年总体资源错配程度下降了 25.77%；资本、劳动力数量和人力资本错配程度分别下降了 1.87%、4.82% 和 7.16%。

表 3 - 2　　　　　　　1998 ~ 2007 年资源错配测算结果（行业均值）

年份	$TFPLost$	$TFPL\_K$	$TFPL\_L$	$TFPL\_H$
1998	1.0014	0.1534	0.1824	0.3667
1999	0.9800	0.1588	0.1731	0.3465
2000	0.9433	0.1576	0.1640	0.3511

续表

年份	*TFPLost*	*TFPL_K*	*TFPL_L*	*TFPL_H*
2001	0.9273	0.1659	0.1546	0.3409
2002	0.8810	0.1520	0.1491	0.3360
2003	0.8684	0.1506	0.1491	0.3246
2005	0.8134	0.1416	0.1420	0.3190
2006	0.7869	0.1357	0.1416	0.3060
2007	0.7437	0.1347	0.1342	0.2951

　　为观察人力资本在各行业之间的分布特征，绘制核密度估计图，具体如图 3 - 3 所示，横轴为人力资本错配程度，纵轴为核密度估计值。可以看出，处于人力资本错配程度最低层次以及最高层次的行业逐渐向 0 值靠拢，即核密度估计图的左尾部分逐渐变"厚"，而右尾部分逐渐变"薄"。这表明相较于 1998 年，人力资本错配在行业间的差距正在逐步缩小，一些人力资本错配程度较高的行业中国有企业逐渐退出市场，或者其人力资本错配下降速度要高于平均水平。自 1993 年以来，中国不断探索社会主义市场经济微观主体的制度框架。自 1999 年以来，中国进入以"抓大放小""下岗

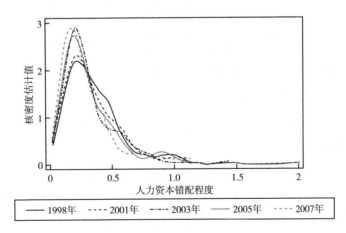

图 3 - 3　人力资本错配分布

资料来源：笔者根据中国工业企业统计数据库测算得到。

分流""战略重组"以及完善现代企业制度为主导策略的国有企业改革新阶段，在这一阶段中，处于下游行业的产品市场基本实现了市场定价和竞争机制，民营企业竞争力加强，国有企业和非国有企业之间的资源要素错配程度下降是肯定这一阶段国有企业改革成果的有力证据。综上可知，国有企业与非国有企业间的确存在着相当的人力资本错配问题，这也验证了H3-1。

观察要素错配在行业间的具体分布情况。以人力资本错配和资本错配的均值为标准，将38个行业分为人力资本错配和资本错配相对较大的行业（Ⅰ组），人力资本错配相对较小、资本错配相对较大的行业（Ⅱ组），人力资本错配和资本错配相对较小的行业（Ⅲ组），人力资本错配相对较大、资本错配相对较小的行业（Ⅳ组）。第Ⅰ组的行业数目相对较少，主要为研发密度大、规模效应相对较小的行业，包括其他仪器仪表的制造及修理、钟表与计时仪器制造业等。第Ⅱ组主要是上游垄断行业以及重工制造业，此类行业的特点是国有成分比重较大，且具有一定的规模效应，例如天然原油和天然气开采、烟煤和无烟煤的开采洗选、电力供应、船舶及浮动装置制造业等，此类行业虽然占据了大量的资源要素，但由于存在规模效应，资本错配程度并不高，主要表现为人力资本错配程度较大。第Ⅲ组主要为接近于完全竞争市场的劳动密集型产业，主要包括制帽、木质家具加工业等轻纺业和轻工业。第Ⅳ组主要是人力资本需求程度较低的劳动密集型行业，包括纸浆制造、皮革鞣制加工、毛皮鞣制及制品加工等。样本期内，中国的要素配错水平得到了一定程度的缓解。例如，第Ⅳ组的纸浆制造、稀有稀土金属冶炼业，第Ⅰ组的钟表与计时仪器制造、其他仪器仪表的制造及修理业的资本错配水平显著下降。而人力资本错配的改善主要表现在一些具备规模效应的重工制造业，包括船舶及浮动装置制造、航空航天器制造业等；但大量上游垄断行业（采盐、烟煤和无烟煤的开采洗选、电力生产等）的人力资本错配均未得到有效改善。

整体来看，大量上游垄断行业和技术较为前沿的资本密集型产业的要素错配程度，尤其是人力资本错配程度仍然严重，其中部分行业中的国有企业凭借规模优势和规模效应显著改善了所有制引发的资本错配。但在政府保护下，始终存在着高额垄断利润和较低创新动力等问题，并在所有者缺位条件下将垄断利润转化为工资溢价，吸引人力资本进入，最终形成人力资本错配。这一结果在一定程度上验证了国有产权与政府干预相结合所形成的行政垄断是人力资本错配的重要成因之一，下面将利用上述测算结果实证检验行政垄断对人力资本错配的影响机制。

3.4 行政垄断对人力资本错配影响的实证检验

3.4.1 实证策略与变量选取

本节旨在检验行政垄断对人力资本错配的影响作用。首先检验行政垄断对人力资本错配程度的直接影响，对 H3 - 2 进行验证；然后检验行政垄断的影响机制，对 H3 - 3 进行验证：

$$TFPL\_H_{it} = \alpha_0 + \alpha_1 Mon_i + \gamma X_{it} + v_t + \varepsilon_{it} \tag{3.20}$$

其中，i 表示第 i 个行业，t 表示第 t 年；$TFPL\_H_{it}$ 表示人力资本错配程度；Mon_i 表示行业是否是行政垄断行业，是 = 1，否 = 0；X_{it} 为控制变量；v_t 为时间固定效应。本节关心的 α_1 估计系数表示相对于总样本平均水平行政垄断行业的人力资本错配水平。若 α_1 显著大于 0，则验证了 H3 - 2。进一步采用双向固定效应模型验证 H3 - 3：

$$TFPL\_H_{it} = \alpha_0 + \alpha_1 Z_{it} + \alpha_2 Mon_i \times Z_{it} + \gamma X_{it} + \lambda_i + v_t + \varepsilon_{it} \tag{3.21}$$

其中，Z_{it} 为机制变量，包括行业壁垒、信贷偏好和政府补贴三种。在式（3.21）的估计结果中，我们主要关心的是 α_2 估计系数。若 α_2 显著大于 0，则表明行政垄断通过该机制变量对人力资本错配产生影响，则 H3 - 3 得证。上述回归中所涉及的变量主要有：

（1）行政垄断（*Mon*）。目前，关于行政垄断的衡量方法中引用率较高的主要有：第一，国有经济比重衡量法，认为行政垄断程度与国有经济高度相关，因此，某一行业的行政垄断程度可以利用国有经济占比来衡量（刘小玄，2003；白重恩，2004；丁启军，2010）；第二，指标体系法，认为单一指标无法反映行政垄断的实质，需从财政补贴、国有企业规模、财政收支等多方面进行衡量（于良春和余东华，2009；于良春和张伟，2010）。由于国有经济比重衡量法过于单一，无法反映政府行为和市场环境的影响，而指标体系的量化结果易受到指标选取的主观性的影响，鉴于此，借鉴岳希明和蔡萌（2015）、聂海峰和岳希明（2016）、陈林等（2016）对行政垄断的量化方法，在行政垄断行业主要分布在"控制国有经济命脉"的基本前提下，将行政垄断视为一个只具有"是"和"否"两个状态的取值空间。行政垄断行业的界定与陈林等（2016）一致，用 *Mon* 表示，当 *Mon* = 1 时为行政垄断行业，反之为竞争性行业。

（2）行业壁垒（*HHI*）。行业壁垒是地方政府为了避免辖区企业遭到外来企业竞争所采取的一种干预措施，往往通过对外地竞争性企业征收高昂的税收、设置行政性壁垒等对本地企业进行保护，本质上是由于辖区内企业效率低下，在市场竞争环境中不具有自生能力。本节以赫芬达尔－赫希曼指数（HHI）来衡量行业的竞争程度或进入壁垒，该指数越高表明行业竞争程度越低，进入壁垒越大，即：

$$HHI_{jt} = \sum_{i=1}^{M_{jt}} \left(income_{ijt} / \sum_{i=1}^{M_{jt}} income_{ijt} \right)^2 \qquad (3.22)$$

其中，j 表示第 j 个行业，t 表示第 t 年，i 表示第 i 个企业；M 表示行业内企业个数；$income$ 表示产品销售收入，$income_{ijt} / \sum_{i=1}^{M_{jt}} income_{ijt}$ 表示第 t 年第 j 个行业的第 i 个企业的市场份额占有率。

（3）信贷偏好（*Fin*）。良好的金融环境有利于提高资源配置效率，而中国长期以来存在着利率歧视、信贷资源偏向等问题。国有企业凭借着对金融市场的垄断，持续性扩大生产规模以获取高额利润而丧失创新动力，在短期边际技术替代率几乎为 0 的条件下，不断吸引人力资本流入。与之形成鲜明对比的是，具备创新动力且亟须发展的中小企业缺乏金融支持，导致人力资本错配的进一步恶化。可见信贷偏好主要包含利率歧视和信贷资源偏向两方面内容，本节采用行业利息费用支出占总负债的比重来衡量该行业企业的信贷利率水平；利用总负债占增加值的比重来衡量该行业企业的信贷资源获取水平；采用信贷资源获取水平与信贷利率水平之比来衡量金融机构信贷服务对该行业企业的偏好程度。

（4）政府补贴（*Gov*）。新中国成立初期实施的"重工业优先发展"战略催生了大量违背比较优势的产业企业，在经济转轨阶段，这批企业往往由于生产成本高、竞争力低下而不具备自生能力，但却依靠着"预算软约束"和政府补贴长期存活于市场之中，严重拖累了社会整体生产效率的提升。刘瑞明和石磊（2010）认为，政府补贴在保护低生产效率企业的同时，挤占了生产效率相对较高的中小企业的资源，降低了社会整体的生产效率，本节将中国工业企业数据库中各企业的财政补贴加总，得到各行业的财政补贴总额，以补贴收入占行业生产总值的比重来衡量该行业对补贴收入的依赖程度。该指标利用中国工业企业数据库测得。

（5）控制变量。包括行业资产收益率（行业利润除以行业资产规模，*Roa*）、行业规模（行业总资产规模的对数，*Scale*）和行业企业平均年龄（行业内企业的平均年龄，*Age*），上述指标均利用中国工业企业数据库测得。

表 3 – 3 为各变量的说明与描述性统计。行政垄断行业在人力资本存量、人力资本错配程度、行业壁垒、信贷偏好、政府补贴、行业规模、行业企业平均年龄方面都要高于非行政垄断行业，尤其是政府补贴和信贷偏好，要远高于非行政垄断行业，但行政垄断行业的资产收益率却与非行政垄断行业有着较大差距，这同样反映了资金等重要生产要素在中国不同所有制部门间存在着较大的错配问题。

表 3 – 3 回归相关变量说明

变量	符号	样本量	总样本		行政垄断行业		非行政垄断行业	
			均值	方差	均值	方差	均值	方差
人力资本错配	*TFPL_H*	1476	0.321	0.041	0.370	0.091	0.332	0.052
行政垄断	*Mon*	1476	0.000	0.000	1.000	0.000	0.213	0.168
行业壁垒	*HHI*	1476	0.024	0.002	0.025	0.001	0.024	0.002
信贷偏好	*Fin*	1476	115	6801	208	31184	135	13429
政府补贴	*Gov*	1476	0.009	0.000	0.026	0.002	0.013	0.001
行业资产收益率	*Roa*	1476	0.152	0.007	0.114	0.007	0.144	0.007
行业规模	*Scale*	1476	15.243	2.141	16.502	1.777	15.512	2.329
行业企业平均年龄	*Age*	1476	11.058	19.079	14.125	36.323	11.713	24.317

3.4.2 回归结果分析

表 3 – 4 报告了国有成分和行政垄断对人力资本错配影响的回归结果，第（1）列仅控制了时间固定效应，第（2）列则进一步引入了控制变量。*Mon* 的回归系数均显著为正，H3 – 2 得证。根据第（2）列的估计结果，行业垄断中的人力资本错配程度平均比非行政垄断行业高出约 0.5698。

表 3 – 4 行政垄断对人力资本错配的影响检验结果

变量	（1）	（2）
Mon	0.7114 *** (13.5504)	0.5698 *** (8.1599)
截距项	0.4395 *** (11.5607)	0.1258 (1.0723)
控制变量	—	控制
时间固定效应	控制	控制
观测值	1476	1476
R^2	0.7897	0.7919

注：（1）被解释变量为 *TFPL_H*；（2）*** 、** 和 * 分别表示在 1%、5% 和 10% 水平下达到统计意义上显著，括号内为 *t* 检验值。

　　进一步对行政垄断影响人力资本错配的机制进行检验，具体通过分别引入行政垄断（Mon）与行业壁垒（HHI）、政府补贴（Gov）和信贷偏好（Fin）的交互项，检验行政垄断对人力资本错配的影响路径，回归结果如表 3－5 所示。从回归结果来看，模型的稳健性和拟合优度均较高。行业壁垒、政府补贴和信贷偏好的估计系数反映了其对非行政垄断行业人力资本错配的影响作用；交互项（Mon×HHI、Mon×Gov 和 Mon×Fin）的回归系数反映了其对行政垄断行业的影响。其中，HHI 的回归系数显著为正，但 Mon×HHI 的回归系数却不显著，说明行业壁垒对行业人力资本错配具有显著的促进作用，且对行政垄断和非行政垄断行业的影响没有显著差异。其原因在于中国国有企业的垄断地位通常是与地方政府势力相结合的行政垄断，这些企业往往在市场环境下没有自生能力，需通过设置行业壁垒、政府保护等才能维持生存，无论是自身创新条件还是创新动力都普遍较低。Gov 和 Fin 的回归系数显著为负，这主要是因为当前非行政垄断行业企业创新资源匮乏，且面临着"融资难、融资贵"等困境，政府补贴和信贷资源有利于这些行业增强其创新资源和条件，降低行业内的人力资本错配。Mon×Gov 和 Mon×Fin 的回归系数均显著为正，表明政府补贴和信贷偏好对人力资本错配的抑制作用极小，甚至扩大了行业内人力资本错配程度，原因在于中国行政垄断行业企业获取的大量政府补贴和信贷资源并没有转化为产出或者创新产出，反而在创新剩余索取权与控制权无法匹配的条件下，转化成为工资溢价，吸引大量人力资本进入，与非行政垄断行业企业在企业规模、人力资本规模等方面都拉开了较大差距，造成行政垄断行业企业创新动力不足，而非行政垄断行业企业创新资源不足，也即政府补贴错配、信贷资源错配和国有部门的低效率共同形成了较高的人力资本错配，H3－3 得证。

表 3－5　　　　行业垄断对人力资本错配影响机制的检验结果

变量	（1）	（2）	（3）	（4）	（5）	（6）
Mon×HHI	－0. 2272 （－0. 4398）	－0. 1685 （－0. 3270）				
Mon×Gov			0. 9960 ** （2. 1015）	1. 0878 ** （2. 2887）		

续表

变量	（1）	（2）	（3）	（4）	（5）	（6）
$Mon \times Fin$					0.0001* (1.9327)	0.0002** (2.0854)
HHI	0.2423** (2.0231)	0.3019** (2.4918)				
Gov			-0.8205** (-1.9793)	-1.0075** (-2.3877)		
Fin					-0.0002*** (-3.1285)	-0.0002*** (-3.4020)
截距项	0.4321*** (11.3230)	0.1195 (1.0201)	0.4496*** (11.7245)	0.1496 (1.2725)	0.4555*** (11.9069)	0.1280 (1.0949)
行业固定效应	控制	控制	控制	控制	控制	控制
时间固定效应	控制	控制	控制	控制	控制	控制
控制变量	—	控制	—	控制	—	控制
观测值	1476	1476	1476	1476	1476	1476
R^2	0.7903	0.7929	0.7904	0.7928	0.7913	0.7938

注：（1）被解释变量为 $TFPL\_H$；（2） ***、** 和 * 分别表示在1%、5% 和 10% 水平下达到统计意义上显著，括号内为 t 检验值。

3.4.3　进一步分析

自然垄断行业具有规模经济和正向的外溢性，其不仅矫正了市场失灵（外溢性）所导致的人力资本价格"低估"，还可以促进相关行业的绩效和TFP提升。因此，政府对于自然垄断行业的支持和补贴便显得尤为必要，其所产生的人力资本错配和TFP损失也较小。因此，稳健性检验主要检验自然垄断行业政府干预及其相关手段对于人力资本错配的影响。事实上，即使是依靠规模优势形成的自然垄断行业也无法避免行政干预和垄断特权，严格地区分行政垄断行业和自然垄断行业是较为困难的，一个可行的思路便是根据行业特性和一般性认识进行分类。参照陈林（2018）的研究结论并结合样本有效性，选取电力生产、电力供应、热力生产和供应、燃气生产和供应业这4个三位数行业作为自然垄断代表性行业，① 用 Mon1 表示；其余行政垄断行业用 Mon2 表示。重复表3-4和表3-5的估计步骤，具体结果如表3-6所示。第（1）列为自然垄断代表性行业对人力资本错配的影响；第（2）~（4）列为进一步的机制检验结果。回归结果显示，估计系数与表3-4和表3-5的方向几乎一致，但自然垄断代表性行业对人力资本错配的估计系数要小于其余行政垄断行业，说明即使在自然垄断行业中，政府干预也同样导致了一定的人力资本错配，但由于规模经济和外溢性等因素的存在，其对人力资本错配的影响要小于单纯的行政垄断行业，说明本节的结论是较为稳健的。

表3-6   区分垄断性质的回归结果

变量	（1）	（2）	（3）	（4）
Mon1	0.3338 *** (6.3537)			
Mon2	1.0108 *** (19.1340)			
Mon1 × HHI		6.1973 * (1.6941)		
Mon1 × Gov			0.6817 ** (2.4008)	
Mon1 × Fin				0.0001 (0.7852)
Mon2 × HHI		-0.3107 (-0.5930)		
Mon2 × Gov			1.3984 ** (2.3489)	

① 这4个行业仍然包含在上文所界定的行政垄断行业中，主要是由于中国的自然垄断行业仍然存在着大量的政府干预。

变量	（1）	（2）	（3）	（4）
$Mon2 \times Fin$				0.0002 ** （2.1754）
截距项	0.1304 *** （2.8391）	0.1373 *** （3.6072）	0.2169 *** （3.8604）	0.2061 *** （4.7935）
行业固定效应	—	控制	控制	控制
时间固定效应	控制	控制	控制	控制
交互项单项效应	—	控制	控制	控制
控制变量	控制	控制	控制	控制
观测值	1476	1476	1476	1476
R^2	0.7897	0.7908	0.7906	0.7917

注：（1）被解释变量为 $TFPL\_H$；（2） *** 、 ** 和 * 分别表示在 1% 、5% 和 10% 水平下达到统计意义上显著，括号内为 t 检验值。

综上所述，本章在对行政垄断影响人力资本错配的内生机理进行分析的基础上，进一步利用 1998~2007 年中国工业企业数据库构建指标进行实证检验，结果发现：（1）行政垄断是人力资本错配产生的重要原因，行政垄断行业的人力资本错配程度比非行政垄断行业平均高出约 0.7119；（2）行政垄断行业内企业本身在市场环境中不具有自生能力，只能在政府保护下维持生存，且生产和创新效率较低。政府通过信贷资源（所有制）偏向和政府补贴等方式将资源向行政垄断企业过度配置，并在所有者缺位的条件下实现了超额利润的分享，形成工资溢价和人力资本优势，最终造成人力资本错配。上述结论表明，打破行政垄断对于矫正人力资本错配、提升全要素生产率和实现高质量发展具有重要影响。

第4章 金融抑制、增长拖累与人力资本错配：机制2

4.1 引　言

本章从金融抑制和国有企业拖累效应的视角进一步考察国有企业对人力资本错配的影响机制。当前中国金融市场存在着明显的金融抑制，它主要表现在以下两个相互联系的方面：（1）金融发展严重滞后，银行机构高度国有垄断化、证券市场发展滞后、企业债发行受限等严重拖累了中国金融体系的发展；（2）在金融发展整体滞后、直接融资渠道极度不畅的前提下，银行的信贷配置却存在着严重的所有制歧视现象。中国民营企业和国有企业在正规金融市场上的融资成功率差距较大。刘小玄和周晓艳（2011）研究发现，2007年中国制造业中销售收入和就业人数占比超过90%的非国有企业，在过去十年内获得的银行贷款不足20%。除此之外，这种所有制歧视还表现为利率水平的不平等。陈彦斌等（2014）指出，对于中国的中小民营企业来说，银行在进行信贷配给时通常对它们执行上浮利率，此外，中小民营企业往往还需要为抵押和担保支付额外的手续费。中国人民银行成都分行调查统计处的数据表明，中小民营企业所面对的实际贷款利率相当于上浮了约30%。因此，尽管中国官方利率严重低于市场利率，甚至在大部分时间内频繁为负（Garnaut et al.，2001），但中小民营企业却要承担很高的融资成本。这种政策严重损害效率的现象之所以能够被长期维持与中国庞大的国有经济规模密切相关。正是为了维持大量无效率的国有企业继续生存，国家才不得不采取了金融抑制政策（刘瑞明，2011）。它的直接危害是降低了创业的预期收益，从而抑制了企业家精神的释放，形成增长拖累。本章将以此为视角，进一步考察了国有企业对人力资本错配的影响机制。

在经历了30多年的高速增长后，2010年以来中国经济增速有所放缓。习近平总书记在2014年亚太经合组织（APEC）工商领导人峰会中明确提出，增长动力"由要素驱动、投资驱动转向创新驱动"是中国经济新常态的主要特点之一。在这种背景下，创新创业对于提升全要素生产率、实现高质量发展的重要性与日俱增，政府也在公开场合多次强调要推进"大众创业，万众创新"[①]。

大量研究证实人力资本是提升创业质量的关键。与源于失业而被迫进行自我雇佣的生存型创业不同，人力资本创业主要是通过发现潜在的商机，更有助于推动社会整体生产力的进步。部分基于个体受教育年限的研究为此提供了支撑。斯库拉斯等（Skuras et al.，2005）通过对南欧国家的调查发现，完成基础教育的个体通常具有更强烈的创业意愿和更高的创业成功率。米兰等（Millán et al.，2011）基于欧盟成员国家庭调查数据的研究，肯定了高等教育在提升地区高质量创业中的重要地位。究其原因，几乎形成的共识是，与学历密切相关的人力资本通常更善于解决复杂问题，这保证了其作为企业家对一般创业问题的处理效率（Shane and Venkataraman，2000；Ucbasaran et al.，2008）。并且，人力资本不仅更易于发掘创业机会，而且凭借在创业计划和战略制定上的优势可以更好地把握创业机会（Westhead et al.，2005）。可见，鼓励人力资本创业是释放中国民营企业活力，激发社会创新动力，实现增长方式转变的重要环节。然而，从中国现实层面来看，中国人力资本的创业意愿较低。根据《中国人力资本报告2016》以及《全球创业观察2016/

[①] 早在2014年9月召开的夏季达沃斯论坛上，时任总理李克强便首次提出要形成"大众创业、草根创业"的新浪潮。2015年时任总理李克强又在《政府工作报告》中提出要推动"大众创业、万众创新"。在同年的6月11日，国务院进一步出台了《关于大力推进大众创业万众创新若干政策措施的意见》，可见政府对于创新创业的重视程度和迫切程度。

2017 中国报告》的估计，中国的创业者中仅有不到 30% 具有创业能力，45% 具有大专及以上学历，远低于同期发达国家水平。[①] 尹志超等（2015）的研究结果表明，学历虽然促进了中国农村居民创业意愿，但抑制了城镇居民创业意愿。李涛等（2017）则发现，学历对于中国居民创业意愿的影响具有倒"U"型特征，且"聪明人"没有更强的创业意愿。那么，是什么因素制约了中国人力资本的创业意愿呢？

　　埃文斯和莉顿（Evans and Leighton，1989）创新性地确立了人力资本影响个体创业意愿的成本—收益分析框架：人力资本不仅影响个体创业的预期收益，同时影响放弃就业的机会成本，仅有创业预期收益大于机会成本时，个体才会选择创业。学者们纷纷对人力资本创业意愿展开研究。凯撒（Cassar，2006）发现个体为了补偿其在人力资本上投入的时间和资金，更倾向于扩大公司规模，提高预期收益，证实了个体创业中存在着机会成本效应。密茨凯维奇等（Mickiewicz et al.，2014）将创业选择进程分为四个阶段：考虑创业、三年内创业、新生创业和创业初期，并发现在创业选择的早期阶段，人力资本的机会成本效应占主导地位，而在创业选择的中后期，人力资本的预期收益效应逐渐增强。除此之外，部分学者对学历和创业意愿的关系进行了直接研究。克鲁维尔等（Klyver et al.，2015）发现机会成本效应对正在寻找工作的个体的创业意愿具有更大的抑制作用。根据上述分析可见，人力资本对于个体创业意愿的影响是不确定的：一方面，人力资本会带来更好的工作机会，从而增大了创业活动的机会成本，降低了人力资本的创业意愿；另一方面，人力资本可以更好地识别创业机会并拥有更强的经营能力，从而提高了其创业的预期收益。但核心问题是，是什么因素影响了人力资本的创业机会成本和预期收益？

---

　　① 根据中央财经大学发布的《中国人力资本报告 2016》，2014 年中国受教育程度在大专及以上的劳动力达到 1.4 亿人。根据清华大学中国创业研究中心 2018 年发布的《全球创业观察 2016/2017 中国报告》，2016 年中国早期创业活动比例为 10.3%，在早期创业者中，感知到具备创业能力的人群比例为 29.8%，在 65 个国家中排名第 62 位，具有大专及以上文化程度的比例为 47%，与加拿大（82%）、法国（81%）、美国（79%）相比较低。

艾迪斯等（Aidis et al.，2012）利用 47 个国家的创业观察数据研究了政府规模与创业率的关系，发现政府规模与创业规模成反比，且在发展中国家更为明显，这主要源于发展中国家经济发展往往存在着过度的政府干预，从而降低了创业预期收益。事实上，通过分析中国人力资本的创业决策和行业分布特征可以发现：（1）近年来，国有垄断行业通过排他性的资源占有和垄断特权取得超额利润，并在所有权虚置和内部人控制的条件下将这些超额利润转化为高工资，形成工资溢价（Dong，2005；邢春冰，2005，2007；丁启军，2010；叶林祥等，2011；李勇等，2015），进而提高了人力资本创业的机会成本，导致人力资本更倾向于进入国有垄断部门就业而非创业。（2）人力资本的创业意愿不仅受到其认知和经营能力的影响，还与资金投入的连续性和密集程度息息相关（Mandelman and Montes-Rojas，2009）。然而，为了维持国有企业的生存，中国的金融抑制现象十分严重。金融抑制使得创业者陷入融资约束的困境，外源性融资成本过高严重抑制了人力资本创业的预期收益（张龙耀和张海宁，2013；彭克强和刘锡良，2016；肖龙铎和张兵，2017）。

根据上述理解，本章通过一个垄断竞争环境下的两期职业选择模型分析了金融抑制和行业垄断对人力资本创业意愿的影响作用，结果发现：金融抑制和行业垄断分别通过降低预期收益和提高机会成本两个方面对人力资本创业意愿产生抑制作用。在金融市场化环境下，行业垄断提高了创业门槛，降低了整体创业意愿，但对人力资本创业意愿不具有更强的抑制作用。而当金融抑制和行业垄断相结合时，人力资本的创业意愿更低，这主要是因为：由于处于垄断地位，垄断部门技术创新动力不足，短期内生产要素投入比例固定不变（边际技术替代率为0）。金融抑制使得垄断企业可以极低的利率水平进行融资，直到边际产品价值等于边际成本，进而实现人力资本与企业规模同步、持续性扩大。更为重要的是，人力资本的创业活动主要依靠产品和技术创新，存在研发密度大、利润周期长等特点，内源性融资通常不足以保持资金投入的连续性和密集程度。因而，金融抑制与垄断相结合会对人力资本创业意愿产生更为严重的限制作用。

4.2　国有垄断对人力资本创业意愿影响的理论模型

4.2.1　模型基本设定

考虑一个两期职业选择模型，假定：（1）市场中存在着垄断性部门和竞争性部门两类部门；（2）不考虑放弃中小企业工作而进行创业的个体，竞争性部门的中小企业中仅创业者具有人力资本；（3）个体拥有人力资本 $H_{i,s}$ 和家庭财富禀赋 ω 两种初始禀赋。

个体仅可以通过银行贷款进行融资，且银行的存贷款利率是外生给定的，包括：垄断企业信贷利率 r_m、第 i 个中小企业的信贷利率 r_i 和存款利率 q 三种利率（$q < r_m < r_i$）。个体人力资本 $H_{i,s}$ 对就业的工资水平和创业的预期收益产生正向影响。在第 1 期，个体依据自身要素禀赋进行职业选择：创业或工作。若选择工作，每一期获得的工资用于消费或储蓄；若选择创业，创业者可以 $1 + r_i$ 的利率向银行贷款，并用于创业投资或消费。在第 2 期，创业者有 π 概率创业成功，$1 - \pi$ 概率创业失败。若创业成功，企业的生产函数为 $Y_{i,s}$；若创业失败，创业者无剩余，银行可以从清算中获得固定剩余 τ。

创业项目利用创业成功率 π 和技术前沿程度 θ 两个指标衡量，且两者成反比，创业成功率 π 低且技术前沿程度 θ 高的项目更加依赖原创性的技术创新和产品创新，其主要存在于技术前沿的产业中；创业成功率 π 高且技术前沿程度 θ 低的项目创新研发的密度较低，主要存在于技术和产品较为成熟的产业中（林毅夫等，2009；龚强等，2014）。下面将基于上述基本假定，探讨金融抑制和行业垄断如何影响了中国人力资本的创业选择。

4.2.2　厂商行为

假定第 s 个行业仅存在一个垄断企业 m，垄断企业雇佣人力资本 H_m 和资

本 K_m 进行生产。一方面，由于处于垄断地位，企业不具备创业动力，在短期内没有技术进步；另一方面，垄断企业规模较大，在短期内难以调整要素投入比例。鉴于此，设第 s 个行业垄断企业的生产函数为固定要素投入比例函数（里昂惕夫生产函数，边际技术替代率为 0）：

$$Y_{m,s} = \min\left(\frac{K_{m,s}}{k}, \frac{H_{m,s}}{h}\right) \tag{4.1}$$

其中，k 和 h 分别为资本和人力资本的生产技术系数，表示生产某一单位产品所需的资本和人力资本投入量。厂商为追求利润最大化，不会闲置生产要素，因此有：$\frac{K_{m,s}}{H_{m,s}} = \frac{k}{h}$。由于垄断企业中生产要素的边际产出不变，厂商的最大投入取决于其可能获得的资源与该产品在市场中的供给量和价格变化。垄断企业是价格制定者，其通过提高或减少销量以降低或提高价格，可假定：

$$p_m = p'_m(Y_{m,s}) \tag{4.2}$$

其中，$p'_m(Y_{m,s}) < 0$。因此，厂商最大投入 $Y_{m,s}^*$ 使得 $p'_m(Y_{m,s}^*) = kr_m + hw_m$，在生产要素充足的情况下，垄断企业会一直进行生产直到最后某一单位产品售出的价格等于其成本。[①] 进而可得：

$$p'_m\left(\frac{K_{m,s}^*}{k} = \frac{H_{m,s}^*}{h}\right) = kr_m + hw_m, \; K_{m,s}^* \leqslant K \tag{4.3}$$

第 s 个行业中的中小企业只能依靠产品和技术创新获取利润。假定企业全要素生产率的大小取决于人力资本的集聚效应（Booth and Coles, 2007），第 i 个中小企业的生产函数符合 C-D 生产函数形式：

$$Y_{i,s} = \left(\sum_i H_{i,s}\right)^{\delta} (K_{i,s})^{\varphi} (H_{i,s})^{\varepsilon} \tag{4.4}$$

---

① 此处最后某一单位产品仅仅是想说明垄断厂商产出的边际收益等于边际成本，我们仍然假定厂商的产出和边际收益为 $Y_{m,s}$ 的连续函数。

其中，$\left(\sum_i H_{i,s}\right)^\delta$ 为人力资本的集聚效应；φ 为资本的产出弹性；ε 为人力资本的产出弹性。设银行系统可进行借贷的资金规模 K 以及市场中的人力资本规模 H 固定不变，则有：

$$K_{m,s} + \sum_i K_{i,s} \leqslant K \tag{4.5}$$

$$H_{m,s} + \sum_i H_{i,s} = H \tag{4.6}$$

将式（4.3）和式（4.6）代入式（4.4）可得：

$$Y_{i,s} = \left[H - hp'^{-1}_m(kr_m + hw_m) \right]^\delta (K_{i,s})^\varphi (H_{i,s})^\varepsilon, \ K_{i,s} \leqslant K - K_{m,s} \tag{4.7}$$

其中，$p'^{-1}_m(\cdot)$ 表示反函数；$\dfrac{K^*_{m,s}}{k} = \dfrac{H^*_{m,s}}{h} = p'^{-1}_m(kr_m + hw_m)$。从式（4.7）可以看出，金融抑制和垄断主要通过两种路径对中小企业利润造成影响：（1）较低的市场利率使得垄断企业的资本使用成本过低，垄断企业不断扩大资本规模直到其边际产出价值等于边际成本，垄断部门对信贷资源的垄断造成大量中小企业创新投资不足（$K_{i,s} \leqslant K - K_{m,s}$）；（2）资金规模扩大引发人力资本规模同步扩大 $\left[hp'^{-1}_m(kr_m + hw_m) \right]$，大量具备高人力资本的劳动力流向垄断企业，使得中小企业的人力资本集聚效应降低，造成社会总体创新效率的损失。

4.2.3　个体职业选择问题

（1）个体的创业问题。个体创业决策的最优化问题是，如何选择银行贷款 b 与投资额 x 以实现个人效用的最大化。效用函数符合边际效用递减规律：$u'(\cdot) > 0$，$u''(\cdot) < 0$。在行业 s 中：

$$\max_{|b_i,x_i|} u(c_{i,1}) + \beta \left[\pi u(c^v_{i,2}) + (1 - \pi) u(c^f_{i,2}) \right] \tag{4.8}$$

$$\text{s. t. } c_{i,1} = \omega_i + b_i - x_i$$

$$c^v_{i,2} = Y_{i,s} - (1 + r_i)b_i$$

$$c^f_{i,2} = 0$$

$$Y_{i,s} = \left(\sum_i H_{i,s} \right)^{\delta} (x_i)^{\varphi} (H_{i,s})^{\varepsilon}$$

$$b_i \leqslant \overline{b_i}$$

个体 i 的银行贷款规模和投资额的最优解 b_i^* 和 x_i^* 满足如下库恩－塔克条件：

$$-u'(\omega_i + b_i^* - x_i^*) + \beta\pi\varphi \left(\sum_i H_{i,s} \right)^{\delta} (x_i^*)^{\varphi-1} (H_{i,s})^{\varepsilon}$$

$$\cdot u'[Y_{i,s}(x_i^*) - (1 + r_i)b_i^*] = 0 \qquad (4.9)$$

$$-u'(\omega_i + b_i^* - x_i^*) + \beta\pi(1 + r_i)u'[Y_{i,s}(x_i^*) - (1 + r_i)b_i^*] \geqslant 0$$

$$(4.10)$$

可见，式（4.9）为标准的欧拉方程，第 1 期的边际效用等于第 2 期边际效用乘以资本价格的折现。由于个体创业的资本边际收益要大于等于银行贷款利率，即 $\varphi \left(\sum_i H_{i,s} \right)^{\delta} (x_i^*)^{\varphi-1} (H_{i,s})^{\varepsilon} \geqslant 1 + r_i$，根据式（4.9）易知式（4.10）成立，因此，最优解为角点解，b 的最优解为其最大值：$b^* = \overline{b}$。将 $\overline{b}$ 和 x^* 代入式（4.8），可得到个体选择创业的间接价值方程：

$$V_e = u(\omega_i + \overline{b_i} - x_i^*) + \beta\pi u[Y_{i,s}(x_i^*) - (1 + r_i)\overline{b_i}] \qquad (4.11)$$

对于 $\overline{b}$ 的形成机制，假定银行根据创业项目的期望收益和自身流动性风险确定贷款上限：

$$\frac{\pi(1 + r_i)b_i + (1 - \pi_H)\tau}{[(K - K_{m,s})S_i]^{\lambda}} \geqslant (1 + r_m)b_i \qquad (4.12)$$

其中，S_i 为该项目每单位资金的平均还款时长，通常对于高风险项目来说，利润产生的周期较长，还款时长也较久。λ 为流动性风险因子，与经济周期相关，且 $[(K - K_{m,s})S_i]^{\lambda} \in (0,1)$。可知，当 $[(K - K_{m,s})S_i]^{\lambda} \leqslant \pi$ 时，创业成功概率大于流动性风险，式（4.12）恒成立，则 $\overline{b_i} = K - K_{m,s}$，换句话说，存在创业风险 $\hat{\theta}$，当 $\theta \leqslant \hat{\theta}$ 时，使得 $\overline{b_i} = K - K_{m,s}$；而当 $[(K - K_{m,s})S_i]^{\lambda} > \pi$ 或

$\theta > \hat{\theta}$ 时，$b_i \leqslant \dfrac{(1 - \pi)\tau}{\left[(K - K_{m.s})\, S_i\right]^{\lambda} - \pi(1 + r_i)}$。可见，银行贷款规模与流动性风险成反比，与创业成功率成正比，与创业风险成反比，则当银行贷款规模不变时，有 $\dfrac{\partial r_i}{\partial \pi} < 0$。因而，可得：$\dfrac{\partial r_i}{\partial \theta} > 0$，表明银行通过提高贷款利率对创业风险所带来的不确定性进行补偿。

（2）个体的就业问题。个体需要在 $t = 1$ 期选择适当的储蓄金额以实现总体效用最大化，最优决策问题为：

$$\max_{|s_i|} u(c_{1,i}) + \beta u(c_{2,i}) \tag{4.13}$$
$$\text{s. t. } c_{1,i} = \omega_i + w_{i,s} - s_i$$
$$c_{2,i} = w_{i,s} + (1 + q)s_i$$

第 1 期最优储蓄金额 s_i^* 满足一阶条件：

$$- u'(\omega_i + w_{i,s} - s_i^*) + \beta(1 + q)u'[w_{i,s} + (1 + q)s_i^*] = 0 \tag{4.14}$$

将 s_i^* 代入式（4.13），可得到个体选择就业的间接价值方程：

$$V_w = u(\omega_i + w_{i,s} - s_i^*) + \beta u[w_{i,s} + (1 + q)s_i^*] \tag{4.15}$$

（3）个体的职业选择决策。根据上述关于个体创业和就业选择问题的分析结论可知：当创业价值方程 V_e 大于就业价值方程 V_w 时，个体将选择创业；否则选择在垄断部门就业。因此，令 $V = V_e - V_w$，$V > 0$ 是个体选择创业的充分必要条件。

令 V 对 $H_{i,s}$ 求偏导，并将式（4.14）代入可得：

$$\frac{\partial V}{\partial H_{i,s}} = \beta\pi \frac{\partial Y_{i,s}}{\partial H_{i,s}} u'[Y_{i,s}(x_i^*) - (1 + r_i)b_i^*] - \frac{\partial w_{i,s}}{\partial H_{i,s}}\beta(2 + q)u'[w_{i,s} + (1 + q)s_i^*]$$
$$\tag{4.16}$$

首先，假定垄断企业工资固定不变（$\partial w_{i,s}/\partial H_{i,s} = 0$），也可以理解为在多个工资或人力资本区间下讨论行业垄断对创业的影响。式（4.16）可表示为：

$$\frac{\partial V}{\partial H_{i,s}} = \beta\pi \frac{\partial Y_{i,s}}{\partial H_{i,s}} u'[Y_{i,s}(x_i^*) - (1 + r_i)\bar{b}_i] > 0 \tag{4.17}$$

可见，个体创业意愿随着人力资本的提高而不断增强。假设存在 $\tilde{w}_{i,s}$ 和 $\hat{H}_{i,s}$ 使得 $V|_{w_{i,s}=\tilde{w}_{i,s},H_{i,s}=\hat{H}_{i,s}}=0$，则 $\hat{H}_{i,s}$ 为个体创业的人力禀赋门槛，根据隐函数定理可得：

$$\frac{\partial H_{i,s}}{\partial w_{i,s}} = \frac{(2 + q)u'[w_{i,s} + (1 + q)s_i^*]}{\pi\varepsilon H_{i,s}^{\varepsilon-1}x_i^* u'[Y_{i,s}(x_i^*) - (1 + r_i)\bar{b}_i]} \tag{4.18}$$

式（4.18）显示了个体创业门槛随着工资水平的上涨而提高。当工资水平由 $\tilde{w}_{i,s}$ 上涨为 $\tilde{w}'_{i,s}$ 时，假定存在 $\hat{H}'_{i,s}$，使得 $V|_{w_{i,s}=\tilde{w}'_{i,s},H_{i,s}=\hat{H}'_{i,s}}=0$，则人力资本在 $[\hat{H}_{i,s},\hat{H}'_{i,s})$ 的个体会由创业市场流向就业市场。因此，垄断部门的高工资提升了创业机会成本和创业者所需的人力资本门槛，导致人力资本相对较低的那一部分个体将由创业市场转向就业市场，从而降低了整体创业概率。这部分个体由于人力资本较低，创新能力及所实现的人力资本集聚效应也相对较低，对社会创新增长的影响较小。

其次，假定国有垄断部门的工资水平随着人力资本提高而提高（$\partial w_{i,s}/\partial H_{i,s}>0$），例如，国有企业内部的工资制度通常与个体学历的高低紧密相关，从而讨论垄断行业对人力资本创业是否具有更强的抑制作用。根据式（4.16）可知，个体创业选择概率并非由个体创业收入和个体就业工资的绝对大小决定，而是取决于人力资本在创业和就业选择中的边际收益之比，即：

$$\frac{\partial Y_{i,s}/\partial H_{i,s}}{\partial w_{i,s}/\partial H_{i,s}} < \frac{(2 + q)u'[w_{i,s} + (1 + q)s_i^*]}{\pi u'[Y_{i,s}(x_i^*) - (1 + r_i)\bar{b}_i]} \tag{4.19}$$

式（4.19）是 $\partial V/\partial H_{i,s} < 0$ 的充分必要条件。根据隐函数定理易得：$\partial w_{i,s}/\partial Y_{i,s}(x_i^*) > 0$，表明随着高学历创业预期收益的提高，垄断企业需要提供更高的工资水平 $w_{i,s} = \tilde{h}$ 才能吸引人力资本进入。在行业垄断对人力资本创业的"门槛"作用下，人力资本的创业预期收益较高，此时，垄断企业难以匹配相应的工资水平，因为对人力资本创业意愿的抑制作用较小。综上所述，提出第一个可供验证的研究假设：

H4 - 1：在金融市场化环境下，行业垄断通过机会成本效应提高了创业门槛，降低了整体创业概率，但对高人力资本个体的创业选择不具有明显的抑制作用。

将 $w_m = \dfrac{(1 - \alpha)pY_{m,s}}{H_{m,s}}$、$w_{i,s} = w_m$、$K_{i,s} = x_i^*$ 和式（4.7）代入式（4.16），可得：

$$\frac{\partial V}{\partial H_{i,s}} = \big[\delta(H - hp_m'^{-1}(kr_m + hw_m))^{\delta-1} + \varepsilon H_{i,s}\big]\beta\pi(H - hp_m'^{-1}(kr_m + hw_m))^{\delta-1}$$

$$\cdot (x_i^*)^\varphi (H_{i,s})^{\varepsilon-1}u'[Y_{i,s}(x_i^*) - (1 + r_i)\bar{b}_{i,s}] - \frac{\partial w_{i,s}}{\partial H_{i,s}}\beta(2 + i)u'[w_{i,s}$$

$$+ (1 + q)s_i^*] \tag{4.20}$$

由式（4.20）可知，人力资本对创业意愿的影响受到多个因素的影响，包括：中小企业中人力资本集聚效应的边际产出 $\delta(H - hp_m'^{-1}(kr_m + hw_m))^{\delta-1}$、垄断企业资本规模 $K_{m,s}$、人力资本边际产出 $\varepsilon(H_{i,s})^{\varepsilon-1}$、贷款规模 $\bar{b}_{i,s}$ 和垄断企业的工资水平对人力资本的敏感度 $\partial w_{i,s}/\partial H_{i,s}$。

其经济学含义是：（1）金融抑制造成中小企业融资约束，在大量信贷资源流向国有垄断部门后，银行为防止流动性风险等，会更为谨慎地向中小企业提供贷款（$\partial\bar{b}_{i,s}/\partial(K - K_{m,s}^*) > 0$）。由于技术前沿项目技术研发密度和周期更长，所需要的资本规模也较大，银行通过设置高贷款利率补偿自身承担的风险（当贷款规模 $\bar{b}$ 一定时，$\partial r_i/\partial\theta > 0$），进而提高了中小企业融资成本，因而，金融抑制降低了人力资本创业的预期收益。（2）随着创业者预期收益的降低，在行业垄断对个体创业选择的"门槛"作用下，人力资本进一步流向垄断部门，导致人力资本集聚效应 $\left(\left(\sum_i H_{i,s}\right)^\delta = (H - hp_m'^{-1}(kr_m + hw_m))^\delta\right)$ 下降，进一步降低了人力资本创业的预期收益。在上述逻辑下，金融抑制直接导致高人力资本创业预期收益下降，并且源于创业预期收益下降，行业垄断对创业选择的"门槛"作用增强，挤占了中小企业的人力资本资源，导致创业预期收益进一步下降，使得人力资本陷入创业预期收益下降与创业意愿降低的恶性循环之中。可见，金融抑制是抑制高人力资本创业意愿的根本性原因。根据上述分析，提出第二个可供验证的研究假设：

H4－2：当金融抑制与行业垄断相结合时，人力资本具有更低的创业意愿。

4.2.4 关于中国行业垄断异质性对人力资本创业意愿影响的讨论

若垄断企业的高工资是在市场化机制下实现的合理"溢价"，则垄断企业本身具备较强的盈利能力，对低价格信贷资源的依赖性和对人力资本这一稀缺生产性资源的挤占程度都较低，因而对人力资本创业意愿的抑制作用较小。若垄断企业的高工资是依靠行政手段获取高额利润，通过所有权虚置实现的不合理"溢价"，则此类垄断企业与金融抑制的联系更为紧密，对人力资本创业意愿的抑制作用较强，所造成的资源配置扭曲也更大。

与自然垄断和市场垄断企业通过提高产品价格谋求高额利润不同，中国大多数垄断企业与政府行为相结合，表现出强烈的行政垄断特征（褚敏和靳涛，2013），在金融抑制环境下，垄断企业依靠垄断特权对信贷资源的大量占有，严重抑制了人力资本的创业意愿。此类行政垄断企业在市场环境下通常不具备自生能力，需要通过人为地压低利率维持生存，因而对金融抑制的依赖性较强。在这种情况下，即使行政垄断企业的效率较低，但仍然可以获得低于市场价格的廉价信贷资源，获取超额利润，并在所有权虚置和内部人控制下转化为工资溢价，吸引大量人力资本进入，以固定生产要素投入比例的形式持续扩大规模。而中小企业则普遍面临着"融资难、融资贵"问题，使得企业融资方式逐步由外源融资转向内源融资，被迫通过挤占劳动报酬进行资本积累，造成中小企业的工资水平进一步降低，更加激发了中小企业成员对于行政垄断企业高工资和象征着"铁饭碗"的编制的向往。这提高了人力资本放弃行政垄断企业就业的机会成本，降低了人力资本选择创业的预期收益。

随着中国市场化进程的不断深化，部分学者对于金融抑制观点提出异议。白俊和连立帅（2012）认为，中国垄断企业之所以存在信贷资源竞争优势，主要是基于自身规模、盈利状况等禀赋优势。尽管更多学者指出，国有企业的信贷竞争优势正是来源于其国有身份，但不可否认的是，对于大量处于自然垄断行业的垄断企业，由于自然垄断行业具有较高的沉没成本，由单个或少数几个企业进行生产更易形成规模效应和技术进步。因而，自然垄断企业通常具有更高的生产效率和盈利能力，工资溢价相对合理，对中小企业信贷资源和人力资本资源的挤占程度较小。鉴于此，提出研究假设：

H4-3：相比于自然垄断，金融抑制与行政垄断相结合时，人力资本具有更低的创业意愿。

4.3　国有垄断对人力资本创业意愿影响的实证策略

本节实证数据来源于北京大学中国社会科学调查中心在 2010 年实施的中国家庭追踪调查（CFPS）数据、樊纲等编写的《中国市场化指数 2011 版》和《中国统计年鉴（2010）》。CFPS 关注中国居民经济活动、教育成果、家庭关系与家庭动态、人口迁移、健康等诸多内容，是一项全国性、大规模、多学科的社会跟踪调查项目，覆盖中国内地除海南、内蒙古、甘肃、宁夏、西藏、青海以外的 25 个省份。所涉及的人力资本、人口特征等数据变量来源于成人数据库；创业、家庭财富、家庭特征等来源于家庭数据库；CFPS 在 2010 年基线调查中实际完成 1479 个家庭有效样本，33600 个成人有效样本，利用家庭编号进行匹配后，剔除各项调查条目状态不清晰的样本，最终得到有效样本 15542 个。《中国市场化指数 2011 版》和《中国统计年鉴（2010）》为我们提供了 2009 年各地区金融抑制程度、行业垄断水平等信息。三个数据库几乎反映了中国同一时期的经济活动情况，可利用地区编码进行匹配并生成用于计量分析的变量。

本节所关心的创业主要是由人力资本驱动的，更有利于提升中国全要素生产率，实现创新增长的机会型创业，而生存型创业并不在我们的讨论范畴内。① 由于 CFPS 并未对个体创业动机进行调查，把问卷数据中从事个体经营和私营企业的个体视为创业者，并考虑到中国存在大量的受教育程度较低的农村家庭从事以农业经营为主的自我雇佣，本质上是以生存为动机的生存型创业。为尽可能减少样本选择偏差所带来的估计偏误问题，剔除了所有农林牧渔业的样本作进一步分析。② 选用受教育年限（*edu*）衡量个体人力资本水平，同时利用字词能力（*word*）和数学能力（*math*）进行稳健性分析。

在家庭特征方面，主要包括家庭财富、风险态度和家庭环境。家庭财富用家庭自有住房市值的对数（lnhouse）、其他房产市值的对数（lnotherhouse）、净资产总额（*asset*）衡量，为保证回归系数的可读性，将 *asset* 除以 10000。风险态度用家庭风险资产（股票、期货和其他金融衍生品）除以净资产衡量，记作 *risk*，该值越大，表明家庭的风险偏好程度越高。家庭环境包括父亲、母亲和配偶的受教育年限，分别记作 *f_edu*、*m_edu*、*c_edu*；父亲、母亲和配偶是否在国家机构、党群机关、企业或事业单位担任领导职务或行政管理职务，分别记作 *f_ap*、*m_ap*、*c_ap*，是则赋值为 1；父亲、母亲是否为企业负责人，分别记作 *f_ent*、*m_ent*，是则赋值为 1；家庭规模用家庭人口数的对数衡量，记作 *familysize*。

在个人特征方面，除人力资本和职业选择外，还包括个人的年龄、性别、婚姻状况、民族、健康状况、政治面貌、是否上网、户口、以往工作情况等

---

① 生存型创业源于失业而被迫创业，机会型创业源于追求潜在的商机。两者主要的区别包括从事行业的技术门槛不同、创业者人力资本不同和资金来源不同等，机会型创业是实现企业家精神的基础。

② 7629 个农林牧渔业样本，其中 485 个个体选择创业，平均受教育年限为 5.49 年，远低于总样本的 7.84 年，符合生存型创业特征。在回归分析中，本节仍然报告了包含农林牧渔业样本的回归结果并进行比较，以检验这样处理的正确性。

变量。年龄记作 *age*，是个体接受调查时的周岁，年龄的平方记作 *age*2，用以控制年龄的非线性影响。性别记作 *gender*，男性赋值为 1。民族记作 *nation*，少数民族赋值为 1。自评健康状况记作 *health*，该调查条目包括五个选项，即"非常不健康""不健康""一般""健康""非常健康"，将其处理为定距变量，5 个选项对应 1～5。是否是党员记作 *party*，是赋值为 1。婚姻状况包括未婚、同居、离婚、已婚、丧偶五个状态，同居、离婚、已婚和丧偶状态分别记作 2. *marry* ~5. *marry*，符合条件的受访者赋值为 1；都取 0 时为未婚状态。是否上网记作 *net*，是赋值为 1。户口记作 *household*，农村户口赋值为 1。以往工作情况记作 *job*，利用问卷中"是否具有 6 个月以上的就业经历"衡量，是赋值为 1。

利用《中国市场化指数 2011 版》中"要素市场发育"部分金融市场化水平的倒数衡量地区金融抑制程度，为保证回归系数的可读性，将其乘以 100。由于地区高学历人才数量和工资水平与地区整体发展水平存在着高度相关性，因此，对地区发展水平进行了控制，用地区国内生产总值的对数（ln*gdp*）衡量。对于行业垄断程度，由于大多数垄断行业均处于事关国民经济命脉的重要行业，实际上属于国有垄断，鉴于此，参照岳希明和蔡萌（2015）的做法，将行业垄断看成一个只具有"是"和"否"两个状态的取值空间，采用国有企业从业人员占比衡量某一行业的垄断程度，并以其均值为界，将 19 个行业划分为垄断行业和非垄断行业，记作 *monolopy*（国有垄断行业 =1，非国有垄断行业 =0）。

表 4 – 1 报告了创业者和非创业者的相关变量特征，本章研究回归所使用的样本中创业者占比 9.49%，与 2010 年、2016 年《全球创业观察》发布的中国早期创业活动比例 10%～12% 几乎一致。创业者和非创业者所面对的金融抑制环境几乎一致，这其中可能受到了大量生存型创业的影响，而创业活动普遍发生在国有垄断程度相对较低的行业中。从创业者的个体特征来看，创业者普遍具有较高的受教育年限、风险偏好以及较低的年龄。另外，创业者中男性约占 56.1%，变量数据的特征都较为符合一般性的认识。

表 4 –1　　　　　　　　　　部分回归变量的描述性统计

样本	变量	样本量	均值	方差	最大值	最小值
非创业者	*repress*	14067	9.456	0.984	11.947	7.898
	monolopy	14067	0.706	0.114	0.989	0.125
	edu	14067	7.138	25.663	22	0
	risk	14067	0.623	6.068	13.997	0
	age	14067	42.956	158.511	110	16
	gender	14067	0.549	0.248	1	0
创业者	*repress*	1475	9.530	0.795	11.947	7.898
	monolopy	1475	0.581	0.117	0.989	0.125
	edu	1475	7.839	19.514	22	0
	risk	1475	0.529	5.106	13.815	0
	age	1475	41.382	141.930	77	16
	gender	1475	0.561	0.246	1	0

注：限于篇幅，家庭特征和个人特征等 24 个控制变量的描述性统计省略汇报。

4.4　国有垄断对人力资本创业意愿影响的回归结果分析

4.4.1　金融抑制与人力资本创业选择

采用 Probit 模型检验金融抑制、行业垄断对人力资本创业意愿的影响作用。表 4 – 2 的第 (1)、(2) 列报告了相关的回归结果，通过分别设置金融抑制和行业垄断与个体学历的交互项检验其对人力资本创业意愿的影响作用。其中，*pidrepress* 表示受教育年限 *edu* 和金融抑制 *repress* 的交互项；*pidmonolopy* 表示受教育年限 *edu* 和行业垄断 *monolopy* 的交互项。在全样本回归结果中，受教育年限每提高 1%，创业选择概率显著提高 0.18%。而在非农业样本中，学历更高的个体反而更不愿意创业（–0.0033）。在创业过程中，低学历个体仅受到创业能力的限制；而高学历个体还需考虑机会成本的影响，使得受教

育年限对创业选择的影响呈现倒"U"型。① 金融抑制的回归系数为正，且在
1% 水平下达到统计意义上显著，表明金融抑制越高的地区，个体选择创业的
可能性越大；而 *pidrepress* 未达到统计意义上显著，说明金融抑制对人力资本
创业意愿没有显著影响。在金融抑制较大的欠发达地区，大量低人力资本个
体由于失业而被迫进行生存型创业。可见，样本中存在大量的以农业经营为
主的自我雇佣样本，是导致金融抑制对创业具有正向影响的重要原因。在第
（3）、（4）列回归结果中，行业垄断降低了整体创业概率，但垄断工资溢价
引发的创业机会成本并未对人力资本的创业选择形成有效的抑制作用；相反，
行业垄断提高了人力资本创业选择概率（0.0082），这同样是受到大量处于农
林牧渔业中低人力资本劳动力的干扰。在剔除农林牧渔业样本后（7629 个样
本），相比于第（1）、（2）列，第（5）、（6）列的 R^2 明显增大，在一定程度
上证明了本章处理方法的科学性。第（6）列回归结果中，*pidrepress* 的回归结
果显著为负，表明金融抑制程度每提高 1%，人力资本创业选择概率降低
0.17%，金融抑制对人力资本创业意愿具有更强的抑制作用。受教育年限的
回归系数由负（-0.0033）变为正（0.0126），但未在统计意义上达到显著，
可以认为受教育年限对创业选择的负向效应主要来源于金融抑制。而国有垄
断仍然仅在整体水平上降低了创业选择概率，并未对人力资本创业意愿造成
更强的抑制作用。这验证了研究假设 H4 - 1。

表 4 - 2　　　　　金融抑制和行业垄断对人力资本创业意愿的影响

变量	总样本				非农业样本			
	(1)	(2)	(3)	(4)	(5)	(6)	(7)	(8)
repress	0.0193 ***	0.0133 **			0.0336 ***	0.0500 ***		
	(0.0032)	(0.0056)			(0.0046)	(0.0095)		
pidrepress		0.0007				-0.0017 **		
		(0.0005)				(0.0009)		

① 通过在回归方程中引入受教育年限的平方项对此进行验证。在全样本中，受教育年限平方项
的边际效应为 -0.0007，在 1% 水平下达到统计意义上显著，证实了受教育年限对创业选择概率的倒
"U" 型影响特征，而在非农业样本中则不具有这种特征。

续表

变量	总样本				非农业样本			
	(1)	(2)	(3)	(4)	(5)	(6)	(7)	(8)
monolopy			−0.0639 *** (0.0052)	−0.1303 *** (0.0101)			−0.0182 ** (0.0090)	−0.0289 (0.0235)
pidmonolopy				0.0082 *** (0.0011)				0.0010 (0.0021)
edu	0.0018 *** (0.0007)	−0.0047 (0.0049)	0.0016 ** (0.0007)	−0.0039 *** (0.0010)	−0.0033 *** (0.0012)	0.0126 (0.0082)	−0.0029 ** (0.0012)	−0.0031 ** (0.0013)
控制变量	控制	控制	控制	控制	控制	控制	控制	控制
样本量	14927	14927	14927	14927	7298	7298	7298	7298
Pseudo R^2	0.0302	0.0304	0.0434	0.0500	0.0526	0.0533	0.0434	0.0435

注：（1）***、** 和 * 分别表示在 1%、5% 和 10% 水平下达到统计意义上显著；（2）表中汇报的是边际效应而非回归系数，括号内为边际效应的标准差。

在金融抑制对人力资本创业意愿影响的讨论中，可能存在内生性问题。（1）衡量金融抑制等宏观层面数据来源于 2009 年，个人微观层面数据来源于 2010 年，因而金融抑制对创业选择的影响不存在反向因果关系；（2）在回归分析中已经对包括个人特征和家庭特征等大量微观因素进行了控制，在个体和家庭层面存在遗漏变量的可能性较低。因此，可能的内生性主要来自宏观层面的变量遗漏。利用两阶段 Porbit 回归尝试解决内生性问题。选取 2009 年各地区国有部门固定资产投资占该地区固定资产总投资的比重作为金融抑制的工具变量，记作 *invest*；国有资产部门占比与受教育年限的乘积作为 *pidrepress* 的工具变量，记作 *pidinvest*。国有部门固定资产投资比重反映了国有部门的融资能力和对信贷资源的垄断程度，其和地区金融抑制水平高度关联，并且国有部门固定资产投资比重不会通过金融抑制以外的渠道影响个体创业选择。表 4-3 报告了相关回归结果。在两阶段 Probit 估计中，第一阶段的 *F* 检验值和工具变量的 *t* 检验值至少在 10% 水平下达到统计意义上显著，表明工具变量是合适的。在弱工具变量检验中，*Wald* 检验值均在 1% 水平下达到统计意义上显著，可以拒绝原回归模型不存在内生性的假设。对比表 4-2 和表

4 – 3 中金融抑制对高学历创业意愿的影响作用，在影响方向和显著性上几乎一致，进一步证明了金融抑制对中国人力资本选择概率的抑制作用。另外，根据上述研究结论可知，非农业样本会减少生存型创业对本章研究结论的干扰，因此以非农业样本为主要研究对象。

表 4 – 3　　　　　金融抑制对高学历人才创业意愿影响的内生性讨论

变量	总样本		非农业样本	
	(1)	(2)	(3)	(4)
repress	0.5987 ***	0.6837 ***	0.7563 ***	1.3994 ***
	(0.1727)	(0.1732)	(0.1149)	(0.3029)
pidrepress		–0.0090		–0.0651 **
		(0.0075)		(0.0269)
edu	0.0121 ***	0.0979	–0.0179 ***	0.5859 **
	(0.0045)	(0.0715)	(0.0065)	(0.2492)
lnhouse	0.0054 *	0.0054 *	0.0044	0.0029
	(0.0032)	(0.0032)	(0.0042)	(0.0043)
lnotherhouse	0.0262 ***	0.0264 ***	0.0237 ***	0.0238 ***
	(0.0036)	(0.0036)	(0.0043)	(0.0044)
asset	0.0016 ***	0.0015 ***	0.0017 ***	0.0014 ***
	(0.0004)	(0.0004)	(0.0003)	(0.0003)
第一阶段 *F* 检验	338.24 ***	330.90 ***	122.69 ***	119.87 ***
		13515.13 ***		3121.42 ***
invest	–15.24 ***	–8.35 ***	–19.41 ***	–11.29 ***
		–33.40 ***		–15.54 ***
pidinvest		–3.49 ***		1.72 *
		31.19 ***		8.55 ***
Wald	12.02 ***	15.66 ***	43.32 ***	45.53 ***
控制变量	控制	控制	控制	控制
样本量	14927	14927	7298	7298

注：(1) ***、** 和 * 分别表示在 1%、5% 和 10% 水平下达到统计意义上显著；(2) 表中汇报的是边际效应而非回归系数，括号内为边际效应的标准差；(3) 第 (2) 和第 (4) 列中，第一阶段 *F* 检验、*invest* 和 *pidinvest* 报告的是被解释变量分别为 *repress*、*pidrepress* 的回归结果，*invest* 和 *pidinvest* 报告的是 *t* 值。

4.4.2 垄断性质讨论

中国的垄断行业多为国有垄断，即使是依靠规模优势形成的自然垄断企业，也无法避免政府干预和行政特权（张伟和于良春，2011），靳来群等（2015）就认为国有垄断企业的规模和盈利优势依然是由其国有身份所决定的。因而严格区分中国自然垄断和行政垄断行业较为困难，依据行业特性和一般性认识对中国行业垄断类型进行分类。中国自然垄断主要分布在供水、供电、供热，以及铁路、公路、航空等规模效应较为明显的行业，选取电力、燃气及水的生产和供应业，交通运输、仓储和邮政业作为自然垄断代表性行业。李静等（2017）发现中国具有高附加值的服务业大都具有着较高的国有垄断程度，大量拥有科学和工程技术学位的毕业生在薪酬激励下蜂拥至此。因而，选择卫生、社会保障和社会福利业，公共管理和社会组织作为行政垄断代表性行业。最后选取批发和零售业、住宿和餐饮业作为完全竞争代表性行业。

表4-4报告了相关的回归结果。相较于非垄断行业，金融抑制对人力资本创业选择的抑制作用在垄断行业中更大（-0.0810），这一回归结果初步验证了H4-2。金融抑制对人力资本创业意愿的抑制作用在完全竞争（-0.0591）、自然垄断（-0.0805）和行政垄断（-0.0907）代表性行业逐渐升高，表明相对于自然垄断，金融抑制与行政垄断结合对人力资本创业意愿的抑制作用更强，这验证了H4-3。但两者差距较小，主要是由于中国自然垄断仍然具有着浓厚的行政色彩，大多是在政府保护和干预下形成的垄断，生产效率低下、盈利能力不强等问题依然存在。

表4-4　　　区分垄断性质的金融抑制对人力资本创业选择的影响

变量	非垄断性行业	垄断性行业	自然垄断代表性行业	行政垄断代表性行业	完全竞争代表性行业
	(1)	(2)	(3)	(4)	(5)
repress	1.6356 *** (0.4613)	1.3713 ** (0.6141)	1.7960 * (1.0525)	1.1158 ** (0.5112)	1.8661 *** (0.5026)

变量	非垄断性行业	垄断性行业	自然垄断代表性行业	行政垄断代表性行业	完全竞争代表性行业
	（1）	（2）	（3）	（4）	（5）
pidrepress	− 0. 0776 *	− 0. 0810 *	− 0. 0805 *	− 0. 0907 *	− 0. 0591 **
	（0. 0444）	（0. 0488）	（0. 0405）	（0. 0547）	（0. 0245）
edu	0. 6983 *	0. 7542 *	1. 1344 **	1. 5529 **	1. 0359 **
	（0. 4076）	（0. 4558）	（0. 4585）	（0. 6576）	（0. 4399）
样本量	5029	2305	865	856	3477
第一阶段 *F* 检验	139. 79 *** 3848. 90 ***	71. 26 *** 1319. 83 ***	25. 96 *** 519. 55 ***	28. 83 *** 494. 99 ***	100. 74 *** 2798. 58 ***
invest	− 2. 29 *** − 33. 06 ***	− 2. 98 *** − 50. 65 ***	− 2. 43 *** − 34. 50 ***	− 4. 56 *** − 53. 13 ***	− 2. 43 *** − 35. 63 ***
pidinvest	3. 03 *** 7. 25 ***	2. 47 ** 5. 17 ***	4. 40 *** 1. 81 *	2. 96 *** 5. 63 ***	3. 29 *** 4. 90 ***
Wald	159. 00 ***	82. 79 ***	47. 84 ***	43. 62 ***	152. 31 ***
控制变量	控制	控制	控制	控制	控制
样本量	9931	4995	637	583	3316

注：（1） *** 、 ** 和 * 分别表示在1%、5% 和10% 水平下达到统计意义上显著；（2）表中汇报的是边际效应而非回归系数，括号内为边际效应的标准差。（3）第（2）和第（4）列中，第一阶段 *F* 检验、 *invest* 和 *pidinvest* 报告的是被解释变量分别为 *repress*、*pidrepress* 的回归结果，*invest* 和 *pidinvest* 报告的是 *t* 值。

综合以上经验分析，垄断对于人力资本创业意愿并没有显著影响；而金融抑制在非垄断性行业和完全竞争代表性行业依然对于人力资本创业意愿具有较高的抑制作用，金融抑制对人力资本创业意愿的抑制作用在完全竞争代表性行业仅比在行政垄断代表性行业中减少了34. 84%，表明相较于放弃国有垄断企业的高薪工作，人力资本更关注的是创业的预期收益。这表明国有企业所产生的拖累效应在抑制人力资本创业意愿中产生十分严重的影响。

4.4.3 异质性讨论

我们对金融抑制影响人力资本创业选择的一些异质性进行讨论。就理论推断而言，国有垄断通过工资溢价提高了人力资本创业的机会成本，降低了其创业概率，但这种机制在表4-1的回归结果中并未得到验证。另一个推断是，金融抑制强化了国有垄断对人力资本创业意愿的抑制作用，并且其对高技术产业创业的抑制作用更大。因此，国有垄断对人力资本创业意愿的抑制作用在不同金融抑制水平的环境下是否一致是不确定的。为实证检验这种异质性影响，分别构造了 $pidrepress$ 与国有垄断、东部地区和工业行业的交互项，记为 $pidrepress\_mo$、$pidrepress\_ea$、$pidrepress\_in$。表4-5给出了相应的回归结果。

表4-5　　　　　　金融抑制对人力资本创业选择影响的异质性讨论

变量	非农业样本			
	（1）	（2）	（3）	（4）
$repress$	0.0493 *** (0.0095)	0.0473 *** (0.0096)	0.0604 *** (0.0094)	0.0586 *** (0.0095)
$pidrepress$	−0.0015 * (0.0009)	−0.0017 ** (0.0009)	−0.0023 *** (0.0008)	−0.0020 ** (0.0009)
$pidrepress\_mo$	−0.0021 ** (0.0009)			−0.0081 *** (0.0010)
$pidrepress\_ea$		−0.0028 ** (0.0012)		−0.0022 * (0.0011)
$pidrepress\_in$			−0.0110 *** (0.0009)	−0.0138 *** (0.0009)
edu	0.0116 (0.0082)	0.0129 (0.0082)	0.0174 ** (0.0080)	0.0157 * (0.0081)
控制变量	控制	控制	控制	控制
样本量	7298	7298	7298	7298
Pseudo R^2	0.0542	0.0543	0.0840	0.0972

注：（1） *** 、** 和 * 分别表示在1%、5%和10%水平下达到统计意义上显著；（2）表中汇报的是边际效应而非回归系数，括号内为边际效应的标准差。

就金融抑制对人力资本创业意愿的影响在国有垄断和非国有垄断行业中的异质性而言，垄断行业中金融抑制对人力资本创业意愿的抑制作用更大

（0.0021），这一回归结果与表 4-4 一致。我们可以得出结论：国有企业的工资溢价本身所带来的机会成本并不会显著影响人力资本的创业意愿，而在金融抑制环境下，中小企业较为恶劣的生存条件加强了国有企业对人力资本的吸引力，低利率和信贷偏向性使得国有企业人力资本规模和企业规模同步、持续性扩大，加强了国有企业对人力资本的吸收规模，当金融抑制和国有垄断同时发挥作用时，放弃工作的机会成本才会对人力资本创业意愿产生显著的抑制作用。

就东西部地区之间的异质性而言，金融抑制对人力资本创业意愿的抑制作用在东部地区要比中西部地区强 0.0028；就工业与服务业之间的异质性而言，金融抑制对人力资本创业意愿的抑制作用在工业比在服务业强 0.0110。东部地区整体发展水平高于中西部地区，在技术创新诉求和能力、人力资本密度等方面都要大于中西部地区。另外，工业部门创业对资金规模、技术创新等方面的要求也要高于服务业，因而金融抑制对人力资本创业意愿的抑制作用更大。这验证了上述关于金融抑制对技术前沿产业创业的抑制作用更大的推论。在第（4）列的回归结果中，同时引入了三个异质性变量，模型的 Pseudo *R* 达到 0.0972，说明模型具有较高的解释力度。金融抑制对人力资本创业意愿影响的异质性最高的是在工业和服务业间，其次是在垄断性部门和竞争性部门间。垄断性部门和竞争性部门所引起的异质性（-0.0081）可视为金融抑制通过国有垄断对人力资本创业意愿产生的抑制作用，而在控制了垄断行业后，由东部和中西部地区（-0.0022）、工业和服务业（-0.0138）所引起的异质性，即金融抑制对东部地区工业部门创业的抑制作用要比平均水平强 -0.0160（-0.0022-0.0138），可视为金融抑制通过创业技术前沿水平对人力资本创业意愿产生的抑制作用。

4.4.4　稳健性检验

上述研究中的一个基本前提条件是：高学历人才拥有更高的人力资本和创业收益率。但事实上，学历是否可以有效衡量人力资本在学术界仍存在一定争议。周洋和刘雪瑾（2017）认为，利用学历衡量创业能力忽略了教育质量从而产生测量误差，中国教育资源的严重不平衡进一步放大了这种误差。大量学者提出认知能力是衡量创业能力的有效变量，巴伦（Baron，2004）认为认知能力有助于帮助创业者作出更加有效的决策。李涛等（2017）发现认知能力较强的人在低管制行业的创业概率更大。因此，尝试利用字词能力（*word*）来衡量个体的人力资本以对上述结论再次进行检验，并得到稳健的回归结果（见表 4 - 6 和表 4 - 7）。

表 4 - 6　　　　　　　　区分垄断性质的稳健性检验结果

变量	非垄断性行业	垄断性行业	自然垄断代表性行业	行政垄断代表性行业	完全竞争代表性行业
	（1）	（2）	（3）	（4）	（5）
repress	0.2861 ***	0.2999 ***	0.9872 *	0.6591 **	0.8304 *
	（0.0564）	（0.0641）	（0.5465）	（0.2590）	（0.4302）
wordrepress	- 0.0068 ***	- 0.0062 **	- 0.0442	- 0.6256 *	- 0.0441 **
	（0.0023）	（0.0027）	（0.0694）	（0.3186）	（0.0178）
word	0.0633 ***	0.0598 **	0.3964	0.7834 *	0.3969 *
	（0.0219）	（0.0255）	（0.6254）	（0.4200）	（0.2165）
样本量	5029	2305	865	856	3477
第一阶段 *F* 检验	39.64 ***	18.58 ***	7.27 ***	9.96 ***	8.08 ***
	2483.62 ***	1619.99 ***	574.69 ***	539.25 ***	2002.16 ***
invest	5.15 ***	2.46 **	4.04 ***	- 3.02 ***	3.92 ***
	1.72 *	3.07 ***	2.10 **	- 0.89	- 2.84 ***
pidinvest	4.47 ***	1.16	- 2.31 **	3.19 ***	- 0.74
	4.64 ***	3.63 ***	2.66 ***	3.14 ***	2.14 **
Wald	32.79 ***	29.63 ***	19.79 ***	22.77 ***	26.65 ***
控制变量	控制	控制	控制	控制	控制
样本量	9931	4995	637	583	3316

注：（1）***、** 和 * 分别表示在 1%、5% 和 10% 水平下达到统计意义上显著；（2）表中汇报的是边际效应而非回归系数，括号内为边际效应的标准差。（3）第（2）和第（4）列中，第一阶段 *F* 检验、*invest* 和 *pidinvest* 报告的是被解释变量分别为 *repress*、*pidrepress* 的回归结果，*invest* 和 *pidinvest* 报告的是 *t* 值。

表 4 - 7 　　　　　　　　　　　　　异质性讨论的稳健性检验结果

变量	（1）	（2）	（3）	（4）
repress	0.0339 *** (0.0046)	0.0335 *** (0.0048)	0.0637 *** (0.0129)	0.0635 *** (0.0128)
wordrepress	-0.0002 *** (0.0001)	-0.0001 (0.0001)	-0.0012 ** (0.0005)	-0.0009 * (0.0005)
wordrepress_mo		-0.0002 *** (0.0000)		-0.0003 *** (0.0000)
wordrepress_ea		-0.0000 (0.0000)		-0.0000 (0.0000)
wordrepress_in		-0.0003 *** (0.0000)		-0.0005 *** (0.0000)
word	0.0035 *** (0.0009)	0.0034 *** (0.0009)	0.0116 ** (0.0048)	0.0118 ** (0.0049)
控制变量	控制	控制	控制	控制
样本量	7298	7298	7142	7142
Pseudo R^2	0.0549	0.0722	0.0542	0.0797

注：（1）　***、** 和 * 分别表示在 1%、5% 和 10% 水平下达到统计意义上显著；（2）表中汇报的是边际效应而非回归系数，括号内为边际效应的标准差。

综上所述，近年来，中国人力资本几乎实现了"量质齐飞"，但与此同时，人力资本的创业意愿却长期处于较低水平，是抑制中国企业家精神实现，阻碍经济增长方式转变的重要因素之一。本章贡献在于从金融抑制和行业垄断两个制度性因素视角探寻了中国人力资本创业意愿低下的成因。首先，通过构建一个在垄断竞争环境下的个人职业选择模型发现：（1）行业垄断提升了创业门槛，降低了整体创业意愿，但仅仅是行业垄断并不会对人力资本的创业意愿产生显著的抑制作用；（2）当金融抑制与垄断相结合时，人力资本的创业意愿才被显著压抑；（3）相比于自然垄断，行政垄断与金融抑制相结合对人力资本创业意愿的抑制作用更大。

其次，基于 2010 年中国家庭追踪调查数据和对应省际数据的经验分析证实了上述命题，并发现：（1）在自然垄断行业和行政垄断行业内，金融抑制对人力资本创业意愿的抑制作用差距较小，主要是由于中国的自然垄断行业仍是在政府干预和保护下的垄断，企业生产效率低、盈利能力不强等问题仍然存在；（2）即便在接近于完全竞争市场的行业中，金融抑制对人力资本创业意愿的抑制作用也较为明显，可见，金融抑制所导致的创业预期收益损失大于放弃国有垄断企业高薪工作的机会成本对人力资本创业意愿的影响作用。另外，源于金融抑制降低了人力资本创业预期收益，垄断企业对人力资本的吸引力进一步增强，进而使得中小企业人力资本集聚效应下降，导致创业者陷入创业预期收益降低与创业意愿下降的恶性循环之中。

第5章 垂直结构、非对称竞争
与人力资本错配：机制3

5.1 引 言

本章进一步结合中国"上游国有垄断、下游民营竞争"的独特市场结构来探讨所有制对人力资本错配的影响机制。中国国内市场在不断深化的经济体制改革中形成了"上游国有垄断，下游民营竞争"的独特市场结构，被称为垂直结构（刘瑞明和石磊，2011；Li et al.，2015；钱学锋等，2019）。其一个突出特征是上游市场长期面临准入限制，而下游市场基本实现自由竞争，导致上游与下游不对称的市场结构：采矿业（石油和天然气等）、原材料制造业、交通运输业、电信业、电力燃气及水的生产和供应业等上游行业具有高昂的行政壁垒，主要由少数几家国有企业经营，市场集中度很高。依据王永进和施炳展（2014）的计算，2007年中国上游行业的赫芬达尔－赫希曼指数（HHI）为0.206，竞争程度较弱。而一般生产加工制造业、商贸服务业（银行业除外）等下游行业的行政壁垒较低，市场主体数量众多，竞争程度较高。

另一个突出特征是不对称的市场结构伴随着鲜明的所有制结构特征。中国的上游部门主要由少数国有企业垄断经营，而下游部门则由民营企业主导（Ju and Yu，2015）。根据财政部数据，在下游制造业中，私人总资产所占比重由2000年的23.86%提高至2020年的76.62%，企业数量更是从4761家增加到91558家，增长了18倍多。相比之下，在上游部门，2000~2020年国有工业企业总资产和净资产所占比重基本稳定保持在80%～90%，企业数量基本稳定，甚至部分行业还在减小。

刘瑞明和石磊（2011）创新性地讨论了上游垄断性国有企业和下游竞争性民营企业的互动对社会福利的影响。李系等（Li et al.，2015）论述了在全球化过程中，上游国有企业如何通过利润转移效应造成了社会福利损失。钱学锋等（2019）假定在垂直结构模型中进一步引入上下游的交互补贴，发现当前下游对上游的"交互补贴"恶化了垂直结构对社会福利的影响，未来应该采用上游征税、下游补贴的模式。在新近的文献中，刘（Liu，2019）发现在存在着金融摩擦、信贷摩擦等不完美的市场中，企业对投入品的需求不足会逐渐向上游传递，最终使得上游部门成为市场扭曲的"沉积点"。林晨等（2023）对刘（2019）的研究进行拓展，解释了中国产业渐进式改革的逻辑。然而，既有研究还很少针对性分析垂直结构对人力资本配置的影响。

中国经济增长前沿课题组（2014）发现，中国的人力资本主要集中在高度行政垄断化的国有部门，造成了大量生产和创新效率损失。而这些国有垄断部门主要是指金融、房地产等上游产业，从而导致了中国人力资本的分布呈现出自上游到下游不断减少的垂直分布特征（纪雯雯和赖德胜，2018；葛晶和李勇，2019）。那么，人力资本垂直分布的形成机制是什么？其又如何影响了社会福利？人力资本扩张又会产生何种效应？本部分旨在对这些问题进行回答。

5.2 垂直结构下的人力资本配置模型设置

考虑一个封闭经济，包含工业部门和生产计价商品的农业部门，其中工业部门分为上游国有企业和下游民营企业。在上下游的竞争类型设置上，现有文献形成的基本共识是，随着以中国特色社会主义市场经济为导向的市场化改革不断推进，下游市场的民营企业基本实现了充分竞争；而在石油、电信等一部分上游市场，国家仍然具有明显的垄断特征。但在实际建模时，学者们仍然是结合具体研究需要进行设置。例如，刘瑞明和石磊（2011）假定上游和下游均为古诺寡头竞争情形。李系等（2015）假定上游为国有企业完全垄断，下游为民营企业完全竞争。钱学锋等（2019）假定上游为寡头垄断，下游为垄断竞争。为了方便分析，本章借鉴钱学锋等（2019）的设置，假定上游行业为寡头垄断，且具有行政壁垒，企业数量不变；下游行业为垄断竞争，进入成本为 F。

考虑人力资本的配置问题。假定经济体中有 H 个个体被赋予了相同的人力资本。个体可以选择进入上游国有垄断企业就业，也可以进入下游民营企业进行生产性活动。如果个体选择了上游国有企业就业，依据既有对于国有企业工资溢价的研究结论（Dong，2005；叶林祥等，2011），假定个体可以与其他进入国有企业就业的个体平均分享垄断利润。如果个体选择了下游创业，则可以获得对应企业的全部利润。设上游就业和下游创业的个体数量分别为 n_g 和 n_p，且有 $n_g + n_p = H$。为便于分析，将人力资本错配定义为进入上游就业的个体的比例，即 n_g/H。

借鉴梅利茨和奥塔维亚诺（Melitz and Ottaviano，2008）的设置，假定市场中存在着同质的农产品（完全竞争市场）和差异化的工业消费品两种商品，且所有消费者都具有相同的偏好。消费者的效用函数可表示如下：

$$U = q_0 + \alpha \sum q_j^d - \frac{1}{2}\beta \sum (q_j^d)^2 - \frac{1}{2}\left(\sum q_j^d\right)^2,\ j = 1,2,\cdots,n_p \quad (5.1)$$

其中，q_0 和 q_j^d 分别表示每个消费者对同质农产品和差异化工业消费品的需求量。α 衡量了农产品和工业消费品之间的替代弹性，α 越大，表示替代弹性越大。工业消费品之间具有完全替代关系，β 衡量了工业消费品之间的差异性，$\beta = 0$ 表示消费者仅仅会对消费总量进行考虑，而不会考虑消费支出在各消费品间的分布问题。通过逆向求解法来获得人力资本配置的均衡水平。根据消费者效用最大化原则，可以得到工业消费品的反需求函数：

$$p_j^d = \alpha - \beta q_j^d - Q^d,\ j = 1,2,\cdots,n_p \quad (5.2)$$

其中，$Q^d = \sum_j^{n_p} q_j^d$，表示行业总产出；p_j^d 为工业消费品 j 的出厂价格。下游企业的利润最大化问题为：

$$\max\pi_j^d = (\alpha - Q^d - p^m)q_j^d - F, j = 1,2,\cdots,n_p \tag{5.3}$$

解得下游单个企业的产出水平 q_j^d 为：

$$q_j^d = q^d = \frac{\alpha - p^m}{2\beta + n_p + 1}, j = 1,2,\cdots,n_p \tag{5.4}$$

$$p_j^d = p^d = \frac{\alpha + n_p p^m}{2\beta + n_p + 1}, j = 1,2,\cdots,n_p \tag{5.5}$$

由此可得中间品的反需求函数：$p^m = \alpha - \dfrac{2\beta + n_p + 1}{n_p}Q^m$。可见，中间品的需求曲线为一条向右下方倾斜的直线，需求价格弹性为 $\dfrac{2\beta + n_p + 1}{n_p}$。假定上游企业的边际成本不变为 c，上游企业的利润最大化问题为：

$$\max\pi_i^u = \left(\alpha - \frac{2\beta + n_p + 1}{n_p}Q^m - c\right)q_i^m, i = 1,2,\cdots,k \tag{5.6}$$

下面将通过求解式（5.6）来观察上游垄断对人力资本配置的影响。

5.3　人力资本在垂直结构中的配置均衡分析

求解式（5.6）可得：

$$q_i^m = q^m = \frac{n_p}{2\beta + n_p + 1}\frac{\alpha - c}{k + 1}, i = 1,2,\cdots,k \tag{5.7}$$

$$p^m = \frac{\alpha + kc}{k + 1} \tag{5.8}$$

根据式（5.4）、式（5.5）、式（5.7）和式（5.8），上游国有企业利润 π^u、下游民营企业利润 π^d 分别可以表示为：

$$\pi^u = \frac{n_p}{2\beta + n_p + 1} \frac{1}{(k+1)^2} (\alpha - c)^2 \tag{5.9}$$

$$\pi^d = \frac{1}{(2\beta + n_p + 1)^2} \left(\frac{k}{k+1}\right)^2 (\alpha - c)^2 - F \tag{5.10}$$

容易得到：

$$\frac{\partial \pi^u}{\partial k} < 0, \frac{\partial \pi^d}{\partial k} > 0, \frac{\partial \pi^u}{\partial n_p} > 0, \frac{\partial \pi^d}{\partial n_p} < 0 \tag{5.11}$$

命题 5 - 1：上游企业收缩和下游企业进入的都会增加上游国有企业的利润，而减少下游民营企业的利润。

上游企业由于控制着下游企业生产必需的中间品，因此可以通过垄断定价实现下游利润向上游的转移。上游企业数量越少，对中间品的垄断定价能力越强（$\partial p^m / \partial k > 0$），从而使得上游企业利润增加，下游企业利润减少。而下游企业的进入通过竞争效应增加了最终产品的供给，扩大了对上游中间品的需求，从而提高了上游企业利润。虽然对中间品定价没有显著影响（$\partial p^m / \partial n_p = 0$），但由于瓜分了其他企业的市场份额，压低了最终产品价格，从而导致下游企业利润下降。

命题 5 - 1 良好地解释了中国改革开放以来上游国有企业和下游民营企业的利润变化情况。中国"上游国有垄断、下游民营竞争"的非对称竞争结构，导致上游利润丰厚而下游利润稀薄（刘瑞明和石磊，2010）。借鉴王永进和施炳展（2014）的做法，将中国工业部门划分为上游和下游两类行业。根据财政部和国务院国资委数据，2010 年中国上游工业企业平均利润达到 0.39 亿元，约为下游消费品行业的 6 倍（0.06 亿元）、下游制造业的 4 倍（0.10 亿元）。此后有所下降，2015 年达到最低，但上游企业平均利润仍然达到了下游消费品行业和下游制造业的 2.89 倍和 2.00 倍。近年来，上下游行业利润差距进一步扩大，2019 年上游企业平均利润达到 0.45 亿元，约为下游消费品行业的 4 倍（0.10 亿元）、下游制造业的 3 倍（0.13 亿元）。尤其是，上游处于垄断地位的国有企业平均利润达到了 0.78 亿元，是下游消费品行业和制造业民营企业的 10 倍以上。

进一步可以计算得到社会总福利 $SW = k\pi^u + n_p\pi^d + CS$，其中，$CS = \frac{1}{2}(Q^d)^2 = \frac{1}{2}\left[\frac{k}{k+1}\frac{n_p}{2\beta+n_p+1}(\alpha-c)\right]^2$。则有：

$$\frac{\partial SW}{\partial n_p} = \underbrace{\left(\frac{n_p}{2\beta+n_p+1}k+1\right)\left[\frac{k}{k+1}\frac{1}{2\beta+n_p+1}(\alpha-c)\right]^2}_{\text{商业创造效应}}$$

$$\underbrace{-\frac{2n_p}{(2\beta+n_p+1)^3}\left(\frac{k}{k+1}\right)^2(\alpha-c)^2}_{\text{商业窃取效应}} - F > 0 \qquad (5.12)$$

命题 5 - 2：给定上游企业数量不变，下游企业数量越多，社会福利越高。

过度进入理论指出，当市场满足寡头竞争、规模效应（固定进入成本）以及新进企业会减少竞争对手的产量（商业窃取效应）三大条件时，相较于自由进入情形，通过政策干预措施适当减少市场的企业数量有助于提高社会福利，也就是说，自由进入条件下的企业均衡数量是过度进入的（Mankiw and Whinston，1986；Suzumura and Kiyono，1987）。高希和森田（Ghosh and Morita，2007）则进一步研究发现，如果考虑到生产网络效应，新进企业虽然会减少竞争对手的产量，但还会提高垂直关联企业的产量和利润（商业创造效应）。然而，这部分利润并不能作为企业进入的总剩余，当商业创造效应足够大时，相较于自由进入，阻止企业进入市场无助于提高社会福利，也就是说，自由进入条件下企业的均衡数量是进入不足的。为了简化分析，不妨假定下游市场的固定进入成本非常小，以至于下游企业进入的商业创造效应始终大于商业企业效应。那么，下游企业进入始终有利于社会福利提高，换句话说，下游市场始终是进入不足的。该设置实际上潜在地假定了人力资本是稀缺的，这与现实也较为相符。

命题 5 - 2 解释了改革开放以来中国宏观经济绩效不断向好的情形。在过去的 40 多年里，中国取得了举世瞩目的经济成就：从世界上最贫穷的国家之一迅速发展成为世界主要的经济力量。尤其是在 1990 ~ 2010 年，大规模的民营化和市场准入壁垒的破除促使中国在这一时期的 GDP 平均增速突破 10%。许召元和张文魁（2015）指出，"抓大放小"改革帮助中国迅速走出了亚洲金融危机的冲击，实现了市场活力的复苏，GDP 在 2003 年重新回到 10% 以上。

下面我们考虑人力资本的配置均衡问题，也即将 k 和 n_p 内生化。个体在上下游的均衡配置结果取决于上下游所能提供的收益。个体进入上游行业寻租收益和进入下游创业收益分别为：

$$R_G = \frac{1}{H - n_p} k \pi^u = \frac{1}{H - n_p} \frac{n_p}{2\beta + n_p + 1} \frac{k}{(k+1)^2} (\alpha - c)^2 \qquad (5.13)$$

$$R_P = \pi^d = \frac{1}{(2\beta + n_p + 1)^2} \left(\frac{k}{k+1} \right)^2 (\alpha - c)^2 - F \qquad (5.14)$$

则人力资本在上下游的配置均衡满足：

$$R_G = R_P \qquad (5.15)$$

根据式（5.15）可以推断出，上游行业的垄断性质决定了人力资本错配始终会产生社会福利损失。假定存在 $\bar{n}_p$，当 $n_p = \bar{n}_p$ 时，$\pi^d = R_P = 0$，此时人力资本错配不会导致社会福利损失，因为下游市场只能获得正常利润。值得注意的是，这种情况在均衡条件下是不存在的。当上游行业具有垄断性质时，上游企业始终能够获得大于 0 的垄断利润 $\pi^u > 0$，与 $\pi^d = R_P = 0$ 的情形相矛盾。下游人力资本的均衡解 $n_p^* < \bar{n}_p$，也就是说，只要上游存在垄断，人力资本错配就一定会导致一定的社会福利损失。对式（5.15）进行全微分可以得到：

$$\frac{dn_p}{dk} > 0 \qquad (5.16)$$

上游行业企业数量越少，垄断程度越高，则人力资本错配程度越大，社会福利损失越高。上游垄断程度的提高，增强了其定价能力，从而进一步从下游"抽取"利润，也就同时促使了人力资本从下游向上游转移，导致社会福利减少（见命题5-2）。因此，可以得到新的命题：

命题5-3：上游垄断通过人力资本错配导致了社会福利损失；上游垄断程度越高，人力资本错配程度越大，社会福利损失越多。

图5-1中直观地展示了人力资本在上下游的配置过程，其中，横轴为下游个体数量，也是下游进入企业的数量；纵轴为个体获得的私人收益。曲线R_P和横轴相交于$(\bar{n}_p, 0)$，和R_G相交于E点，[①]E点实现人力资本的均衡配置。当初始状态位于E点左侧时，个体进入上游国有企业就业所获得的收益小于下游创业，个体将由上游流向下游。上游瓜分垄断利润的个体减少，使得国有企业就业收益进一步增大，而下游企业的进入减少了下游平均利润，但增加了上游垄断利润，直至到达均衡点E，在这一过程中社会福利不断增加。当初始状态位于E点右侧时，上游国有企业就业的收益大于下游创业收益，个体将持续由下游流向上游，直至达到E点，在这一过程中下游企业数量不断减少，社会福利不断降低。

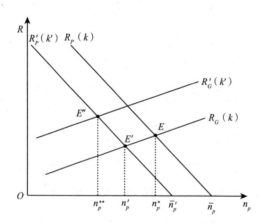

图5-1 人力资本在上下游的配置过程

从图5-1可以看出，当k减小至k'、上游垄断程度加强时，曲线R_P向下移动至R'_P，与横轴相交于$(\bar{n}'_p, 0)$，与R_G相交于E'点，$n_p^* - n_p'$即为下游利润

---

① 我们并不关心R_G和R_P的二阶导性质。

下降通过人力资本配置导致的下游进入不足；同时，曲线 R_G 将向上移动至 R'_G，与 R'_p 相交于 E'' 点，$n'_p - n^{**}_p$ 即为上游利润提高通过人力资本错配导致的下游进入不足，下游企业总共流出了 $n^*_p - n^{**}_p$ 单位个体。以往相关研究主要是在下游行业实现垄断竞争 $n^*_p = \bar{n}_p$ 的条件下（人力资本配置效应为 0）讨论下游行业的进入不足问题。这些研究一般指出，上游企业的垄断地位使得商业创造效应总是大于商业窃取效应，导致下游行业企业进入不足（Li et al.，2015；钱雪锋等，2019），在图 5 - 1 中就表现为 $\bar{n}_p - \bar{n}'_p$。与之不同的是，进一步考虑上游垄断通过人力资本配置对下游企业进入的影响，发现影响下游进入充分程度的不仅仅取决于下游行业的绝对利润，上游行业的垄断利润水平也会产生影响。一方面，上游垄断程度提高挤压了下游利润，使得下游行业对人力资本的吸引力下降（$n^*_p - n'_p$）；另一方面，上游垄断程度的提高还促进了自身垄断利润，吸引了人力资本进入（$n'_p - n^{**}_p$）。上游垄断程度提高对人力资本配置的影响，可能使得下游行业没有足够的人力资本进行生产而被迫退出市场，导致进入不足问题加剧（$n^*_p - n^{**}_p$）。

下面我们来观察人力资本扩张对于人力资本错配和社会福利的影响。根据式（5.15）可求得：

$$\frac{\mathrm{d}n_p}{\mathrm{d}H} > 0 \tag{5.17}$$

$$\frac{\partial (n_p/H)}{\partial H} < 0 \tag{5.18}$$

结合命题 5 - 2，根据式（5.17）和式（5.18）可得如下命题：

命题 5 - 4：在上游国有垄断的条件下，人力资本扩张有利于下游企业的进入，提高社会福利。但同时还会加剧人力资本错配，大大降低了人力资本扩张对社会福利的贡献。

我们不妨假定人力资本扩张之后首先进入了上游垄断行业，则由于分配垄断利润的人数增加，上游寻租收益减小。此时，上游寻租收益小于下游生产性活动的收益，人力资本逐渐由上游向下游转移，可见，人力资本扩张缓解了下游进入不足问题，有助于提升社会福利。但是，在由下游向上游转移的过程中，人力资本无法充分转移，最终还会使得人力资本错配进一步加剧。根据命题 5 - 4 还可以得到如下两个推论：

推论1： 在上游国有垄断的条件下，人力资本扩张对技术创新的促进作用有限。

上游国有企业凭借着垄断地位便能够获得丰厚的利润回报，因为对技术创新这种高风险活动的兴趣较小。另外，国有企业由于"所有者缺位"等内部治理问题存在着天然的创新效率损失，而下游民营企业长期以来都被视为技术创新最为活跃的主体。在这种情况下，人力资本扩张虽然有利于下游企业进入，从而对技术创新具有一定的推动作用，但因为加剧了人力资本错配，其对技术创新的促进作用必然受到很大的约束。在这一方面，车翼和张磊（Che and Zhang，2018）利用中国高校扩招这一外生冲击识别了人力资本扩张对技术进步等方面的影响。他们发现高校扩招显著提高了中国技术的适宜性，从而改善了公司绩效。周茂等（2019）发现中国高校扩招有利于城市制造业出口升级。毛其淋（2019）、曹亚军和毛其淋（2019）、方森辉和毛其淋（2021）同样发现高校扩招在一定程度上有利于技术创新。但是，李勇和段诗宁（2021）发现高校扩招还加剧了人力资本错配。可见，推论 1 有助于协调这两种观点。

推论 1 还解释了中国改革开放以来的"TFP 之谜"。自 1999 年高校扩招政策实施以来，中国教育结构快速升级。《中国人力资本报告（2017）》的调查结果显示，1985 ~ 2015 年全国劳动力人口中具有高中及以上学历的比例从 13.5% 提高到 37.2%，增加了 23.7%，其中，具有大专及以上学历的比例的提升就贡献了 14.9%（从 1.5% 上升到 16.4%）。然而，同期中国的 TFP 却始终处于较低水平波动（纪雯雯和赖德胜，2014）。2015 年，中国 TFP 对 GDP 增长的贡献仅为 - 34.6%（Wei et al.，2017）。其内在的原因便是在"上游国有垄断、下游民营竞争"的"非对称结构"下，人力资本错配所产生的大量效率损失。

推论 2：在上游国有垄断的条件下，人力资本扩张将加剧过度教育。

所谓过度教育，是指在高等教育扩张的背景下，高学历劳动力供给过剩，但劳动力市场却无法为高学历劳动者提供与其学历相匹配的工作岗位，从而造成技能劳动力对非技能劳动力的职位挤占（李勇等，2021）。高校扩张会增大上游行业的就业竞争，促使教育转化成一种"地位商品"，其溢价主要来自于在劳动力市场中相对别人的竞争优势而非获取能够提升劳动生产率的技能和知识，这使得个体有很强的动机获得更高的学历水平，以保持自身在劳动力市场竞争中的领跑地位（Di Stasio et al.，2016）。另外，根据教育信号理论，高等教育的迅速扩张必然降低其入学门槛，弱化了文凭的教育信号功能，高能力者为了将自己与低能力者区分开来，倾向于会追求更高层次的文凭（唐可月和张凤林，2006）。

改革开放以来，中国的人力资本积累虽然实现了"量质齐飞"，但是高度管制的垄断和公共服务行业出现了人力资本的过度沉积，"人才浪费"和过度教育问题凸显。颜敏和王维国（2017）、江求川（2019）发现中国劳动力市场的过度教育问题较为严重，过度教育发生率大约维持在 30% ~ 45%。方超和黄斌（2018）更是直接指出高校扩张在整体上扩大了过度教育的发生率。与此同时，高学历群体的就业压力陡增，全社会的"考研热""考公热"持续升温。

5.4　拓展分析：公共部门的人力资本膨胀

本节进一步在模型中引入人力资本的保留收益进行拓展分析，以解释公共部门的人力资本膨胀现象。假定人力资本如果在工业部门获得的收益小于其保留收益 w，那么其将会退出工业部门进入公共部门。设人力资本均衡配置时的收益为 R^*，结合式（5.15）可求得：

$$\frac{\partial R^*}{\partial F} < 0 \qquad (5.19)$$

$$\frac{\partial^2 R^*}{\partial F \partial k} > 0 \qquad\qquad (5.20)$$

命题 5 – 5：下游进入成本的提高会导致人力资本均衡收益的下降。上游垄断程度越高，下游固定进入成本对人力资本配置均衡和社会福利的影响越大。

下游进入成本的提高将会导致人力资本均衡收益下降，而当上游企业较少、垄断程度较高时，下游进入成本的变化对人力资本均衡收益的影响加大。可以从图 5 – 2 中更为直观地得到这一结论。初始状态下，R_p 与 R_G 相交于 E 点，上游企业个数和下游进入成本分别为 k 和 F，人力资本均衡收益为 R^1。当 F 增大至 F' 时，R_p 平行向下移动至 R_p'，新的均衡点为 E^2 点，人力资本均衡收益为 $R^2 < R^1$。这主要是由于下游进入成本的提高使得下游收益减少，人力资本则选择向上游流动，并且通过商业创造效应进一步减少人力资本在上游的寻租收益。

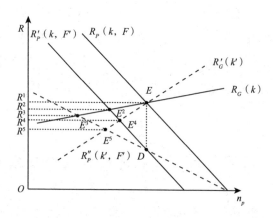

图 5 – 2　下游进入成本与人力资本均衡收益

当上游垄断程度加强，k 变小时：（1）$\dfrac{\partial^2 R_p}{\partial n_p \partial k} < 0$，商业窃取效应和人力资本配置效应减小，下游人力资本的进入对行业整体利润的影响减小；反过来，当下游收益受到一个外生的进入成本冲击的影响时，人力资本配置

的变动幅度也会变大。这在图 5－2 中就表现为 R'_p 变得更加"平坦"。为了说明 k 通过商业窃取效应对人力资本均衡收益产生的影响，过 E 点作垂线与 R'_p 相交于 D 点，则 $ED = F - F'$，过 D 点作曲线 $R''_p(k', F')$，且 $k' < k$，R''_p 与 R_G 相交于 E^3。可见，上游垄断程度的加强通过商业窃取效应会导致人力资本 I 型错配进一步加剧，使得人力资本均衡收益下降（$R^2 - R^3$）。(2) $\dfrac{\partial^2 R_G}{\partial n_p \partial k} < 0$，上游垄断程度的加强使得商业创造效应增大，因而，下游人力资本的变动对上游行业总利润的影响变大。这在图 5－2 中就表现为 R_G 变得更加"陡峭"，过 E 点作曲线 R'_G，与 R'_p 相交于 E^4 点，与 R''_p 相交于 E^5 点，则上游垄断程度变动通过商业创造效应对人力资本均衡收益的影响为 $R^4 - R^3$。还可以看到的是，E^4 点位于 E^3 点的右侧，由于上游行业垄断利润的压缩，人力资本的 I 型错配得到了缓解。总体来看，当上游企业数量由 k 下降到 k' 时，上游垄断程度加强，下游进入成本的变动（$F' - F$）使得人力资本均衡收益额外减少了 $R^2 - R^5$。

命题 5－5 解释了中国近年来日益明显的"孔雀东南飞"现象。由于东部沿海地区的市场化程度、营商环境等明显优于中西部地区，东部沿海地区的人力资本收益率也要相对更高，使得人力资本大面积地向这些地区迁移。2017 年，东北三省为全国贡献了 9.08% 的在校研究生（23.95 万人）、8.57% 的在校大学生（235.89 万人），分别超出广东省 5.17% 和 1.57%。但根据全国 2325 所高校近 5 年的毕业生就业流向大数据，哈尔滨到北京这条远距离跨省迁移路线在全国排名第 3 位；广东省的毕业生留在本地的比例则高达 85%，净迁入率达到 12.61%，高于全国平均水平。另外，教育大省湖北省以占全国 4.25% 的常住人口、4.4% 的 GDP 为全国贡献了 5.15% 的在校研究生和 5.09% 的在校大学生，在前五大热门的跨省远距离迁移路线中，从湖北省迁出的路线占了 3 条。

推论 3：存在下游进入成本 $\bar{F}$，当 $F \geqslant \bar{F}$ 时，人力资本积累不仅不会带来任何收益，还会导致公共部门的人力资本冗余。

由上述分析可知，当上游垄断程度较高时，人力资本收益的稳定性是极其脆弱的，一旦进入成本提高，就会带来巨大的变化。那么，人力资本就有可能因此而退出工业部门，进入非生产性的公共部门，则存在$\bar{F}$，当$F = \bar{F}$时，$R^* = w$。如果工业部门的收益低于w，人力资本将选择退出进入公共部门。如图5-3所示，R_p与R_G相交于E点$(\hat{n}_p, w)$。随着人力资本积累，R_G移动至R'_G，均衡点由E点移动至E''点再移动至E'点。在新的均衡点E'处，人力资本的收益水平小于w，人力资本将退出工业部门，使得R'_G逐渐向上移动，直至回到R_G，均衡点再次回到E点，则人力资本$H' - H$将会进入公共部门。中国经济长期增长离不开公共部门提供的公共服务，因而公共部门也需要一定的人力资本。但中国当前公共部门与企业间的人力资本配置比例已经远超于最优水平，出现失衡（李世刚和尹恒，2017；李静和楠玉，2019）。

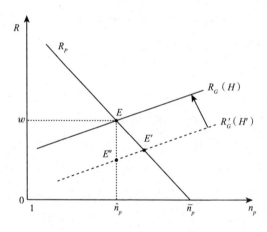

图5-3　人力资本Ⅱ型错配

综上所述，本章在一个垂直结构模型中详细分析了国有企业对人力资本错配的影响机理。由于上游存在着高昂的进入壁垒，人力资本只能选择进入上游进行寻租性活动或进入下游进行生产性活动。当人力资本选择进入上游进行寻租性活动时可能导致下游进入不足，从而产生社会福利损失。模型发现，上游垄断程度越高，人力资本错配越严重。这是因为上游垄断企业可以通过对中间品进行垄断定价而实现下游的利润转移，这一过程中上游利润增加、下游利润减少，从而引导人力资本从下游流入上游，形成人力资本错配。模型进一步发现，人力资本扩张对社会福利具有促进作用，但上游垄断程度越高，人力资本错配也越严重，导致人力资本扩张对社会福利的促进作用下降。在一定条件下，人力资本扩张还会诱发过度教育和公共部门的人力资本冗余问题。

第6章 政府干预、寻租者均衡与人力资本错配：机制4

6.1 引　言

6.1.1 "官本位"思想的起源及其古代人力资本配置的影响

在经历了唐朝的强大和宋朝的繁荣之后，晚清时期的中国却被西方世界远远地甩在了后面。从1840年回溯历史，我们会发现西方世界的兴起几乎是在两百多年的时间内实现的，而中国在经济总量被西方世界超越只是发生在英国工业革命后不到一百年的时间里。西方世界国家的经济为何会突然兴起？中国经济发展又为何没能突破"瓶颈"？这两个相互关联而又彼此独立的问题被称为"李约瑟之谜"。对于"李约瑟之谜"的解释存在着"中央集权假说""制度说"（黄仁宇，1997），以及"英雄理论""外生冲击"等。从经济行为主体出发的"英雄理论"以及从经济行为主体活动嵌入的制度环境出发的"制度说"似乎得到了更为广泛的接受。戴尔蒙德的"英雄理论"认为技术进步尤其是现代技术发展是少数"英雄"的活动。林毅夫（Lin，1995）同样认为中国之所以能在唐宋时期领先于世界，是因为当时的技术较为简单，可以依靠经验完成，而较大的人口规模为这种经验积累提供了便利。但正如戴尔蒙德所言，"英雄"和创新的数量仍在很大程度上取决于人口规模，中国的大规模人口为何没有造就现代技术创新的"英雄"？"制度说"对这一问题进行了有效的补充。鲍尔默（1990）对这一时段英国和中国的经济发展进行了比较，他指出当时的英国凭借较为完善的财产和专利保护制度，吸引了大量社会精英进入工商业领域，并通过创新和企业家活动创造出极大的利润。而此时的中国百姓还在为其私人财产受到侵犯而寻求解决方法，导致工商业等生产性活动并没有足够的吸引力，社会精英们都在期望通过科举考试进入官僚系统，从而在寻租性活动中获取回报。

中国历史上在封建主义制度下所形成的"官本位"思想对社会创新积极性产生了严重的抑制作用。源于秦统一中国后所实行的中央集权制和封建官僚制，"官本位"的思想便开始不断发展，对于中国教育培养创新人才形成阻碍：一方面，当时，百姓若能求得一官半职，就可以获得各种形式的经济特权，如俸禄、永业田、门荫制等；另一方面，在封建官僚主义下，传统的产权结构无法动摇，财产所有权自然得不到应有的尊重和保护（黄仁宇，1997），中央到地方这条巨大的委托代理链滋生了大量的腐败现象，财产所有权面临的最大威胁并不是遥不可及的皇帝，而是掌控和执行国家具体事务的地方官僚阶层（袁方，1998）。在这种情况下，财产所有者尤其是商人，与官僚阶层达成合作便成为短期内财产所有者的最优选择。让自己或有直接血缘关系的家族成员成为官僚阶层的一分子显然是与官僚阶层结合最为可靠的方式，隋唐时期建立的科举制度也为百姓仕途愿望的实现打开了一扇大门。[①] 当时百姓接受教育的主要目的在于通过科举考试进入官僚阶层，而使得社会普遍缺少创新型人才。这种由制度性因素所产生的人才配置的差别是造成中国和英国近代发展差距的关键。

6.1.2　"官本位" 思想的发展及其对现代人力资本配置的影响

在经历了数百年的发展后，特别是改革开放之后，中国的社会主义市场经济体制逐渐成熟，私人产权保护越来越为有效，使得大量人力资本开始向生产性部门转移。中国改革开放以来40多年的增长奇迹来源于基于职位权力

---

① 在中国晚明时期，以家族为纽带的官商结合案例不胜枚举，其中最为著名的便是晋商张氏和王氏家族。

到基于财产权利的过渡，这一过渡使得大量人才转入生产性、创新性部门甚至是创业，从而促进了社会整体的 TFP 提高。然而，"官本位"思想在中国当前的劳动力市场中始终占有突出位置，科技至上、能力本位的社会风气并没有真正形成（刘俊威，2005）。其中一个重要的表现就是人力资本过度向政府部门集聚。李世刚和尹恒（2017）根据 2005 年 1% 全国人口抽样调查数据发现，中国政府部门从业人员的平均受教育年限达到 12.73 年，远高于企业的 9.31 年，政府与企业的人才配置比例已经开始失衡。近年来公务员的报考热度同样反映了中国人力资本存在着对政府部门的过度偏好。据公考资讯网统计，2023 年国家公务员报名过审人数达到 259.77 万人，竞争比（报名过审人数与招录人数比值）达到惊人的 70∶1；而 2020 年报名过审人数仅仅为 143.7 万人，竞争比为 60∶1。如果考虑到省市级公务员考试情况，这组数字将更加庞大。

在中国的传统文化中，有所谓的"仕而优则学，学而优则仕"之说，这种"官本位"思想一直受到各方面的批评，学者往往认为其严重损害了社会创新动力。在古代，由于贫富差距较大，社会阶层极为固化，普通老百姓只有通过科举考试成为举人或者进士，才有机会通过政治晋升进入上层社会。如今学历仍然是政府官员晋升的重要门槛。20 世纪 80 年代，钱学森曾经对中国干部的学历提出构想——到 2000 年，中国所有干部都是本科以上学历，其中，县级干部必须要有硕士学位；省部级及以上干部必须拥有博士学位。虽然他的设想没有完全变为现实，但中国近年来官员晋升标准中干部学历的不断提升已经成为一大趋势。不可否认的是，行政人才的素质在一国经济发展中具有重要作用。但是，需要警惕的是，当技术性人才与行政性人才所接受的教育程度差距过大时，就意味着这个国家的人力资本可能出现了错配。正如易杏花和卢现祥（2010）所言，高考后填报专业的选择在一定程度上能反映这个国家是寻利还是寻租，如果很多人选择理科、工科，则表明这个社会是偏向寻利的；若很多人选择经济学、管理学等，则表明这个社会是偏向寻租的。

那么，中国当代劳动力市场的"官本位"思想源自何处呢？杨丽（2009）则通过对 100 个科技人员的调查发现，科技人员普遍将领导的信任与认可视为创新成就中最为重要的因子，这种"官本位"思想源于企业内的权力差距，高层领导掌握了过多的权力和资源。如果我们视角放到整个宏观经济系统，容易得到一个基本的判断是，当代中国劳动力对于国有部门的青睐、公务员考试的热潮与政府在经济运行中过大的权力不无关系。

6.1.3 寻租视角下政府干预与人力资本错配

经济学文献主要从寻租的视角来解释人力资本在生产性活动和非生产性活动之间的配置。鲍尔默（1990）认为，人们选择进入的岗位取决于能够获得的回报，因而在劳动力市场竞争下，社会的回报结构决定了教育资源在岗位间的分布，如果从事寻租性活动的回报（货币或者非货币的）更高，那么具备更高学历、更高能力的劳动力就会选择从事寻租性活动。墨菲等（1991）认为，寻租性活动的规模收益递增性质，使得社会中具备更高学历、更高能力的劳动力选择从事寻租性活动，并催生出更密集的寻租性活动。

寻租性活动的产生往往与政府部门在经济运行中的过大权力相关。对于中国 1978 年以来的改革和发展，不可否认的是地方政府在其中扮演了重要的角色（Aoki et al.，1997；Prasad and Rajan，2006；Naughton，2017）。始于 20 世纪 80 年代初的财政分权改革，地方政府获得了大量的经济自主裁量权。财政分权改革抛弃了之前中央统收统支的财政体制，使得地方政府能够设立自己的财政决策机构，拥有独立的预算制定权以及一定的财政自主权。地方政府可以在不受中央干预的情况下，自由支配部分财政资源（Qian and Weingast，1997）。地方政府所获得的实际权力远远超出了财政分权所体现的部分。地方政府还拥有能源、土地、金融等重要生产要素的控制权，部分国有企业和集体企业直接控制权，审批、监督、处罚、收税等行政权力，以及部分立法权，发起、实施和中止改革的权力等（Xu，2011）。大量的权力使得地方政府对辖区经济拥有强大的影响力和控制力，掌握着主导经济建设的实际威权。其在激励地方政府为辖区经济增长付出努力的同时，也给予了寻租行为一定的空间，并产生较为严重的腐败问题。

虽然中央能够利用人事管理权和地方政府间竞争来对地方政府行为进行一定的约束，但在中国多层次政府结构下，中央到基层间巨大的信息不对称和监督成本使得地方政府可以容易地通过设租、寻租的方式获得私人利益。例如，地方政府既可以设置行政性进入壁垒，也可能在利益驱使下放松对部分企业的管制（汪伟和史晋川，2004）。特别是1994年分税制改革之后，地方政府的财政压力增加。为了缓解财政压力，地方政府在金融等重要生产性资源上的干预不断加剧；在法治建设、金融市场化改革等方面投入的努力却十分滞后。例如，徐涛（2003）直截了当地指出中国金融市场内形成了一种政府部门通过行政指令直接配置信贷资源的"关系型融资制度"。在"关系型融资制度"下，中小企业的经营成本大幅增加，从而导致大量高学历人才、企业家等社会精英被吸引进入寻租部门。

在部分经济相对落后的地区，寻租导致的人力资本错配更加严重。由于这些地区工商部门往往经营绩效不佳，提供的就业岗位有限，人力资本往往会动用各种关系以进入相对稳定的政府部门，最终导致政府部门严重超编。而为了解决这部分政府冗员的工资问题，一个重要的手段就是进行各种行政性收费和罚款。这些不合理的干预使得企业负担加重，经营效率下降，投资激励不足，从而使得工商业进一步萎缩，人力资本进一步向政府部门流动，形成恶性循环。

总体而言，中国在转型期可能存在着人力资本过度向政府部门集中的资源错配现象，本章通过测算公共部门中的人力资本冗余程度，并通过分析政府干预对不同职业个体接受教育的目的影响来为此提供证据。

6.2 人力资本冗余系数测算

6.2.1 人力资本冗余系数测算框架

（1）基于产出损失的测算框架。本节通过测算19个门类行业的人力资本冗余系数来观察中国人力资本在政府部门和生产性部门间的错配程度。考虑如下的经济环境：第一，经济体各行业之间不存在要素流动；第二，短期内不存在产业升级；第三，劳动力在行业间自由流动。对于任意 t 时刻，经济体中的最终生产部门通过投入中间品来生产最终产品，假设最终部门生产函数为：

$$\ln Y = \int_0^1 \ln y_i \mathrm{d}i \qquad (6.1)$$

中间部门 i 可分为溢价能力较强、规模较大的垄断部门和非垄断部门两类，各部门彼此之间采用伯川德竞争，i 投入资本（k）、劳动力（l）和人力资本（h），且生产函数为齐次生产函数：

$$y(tk,tl,th) = t^s y(k,l,h) \qquad (6.2)$$

其中，t 是任意正实数，s 为任意常数，表示规模报酬系数。可见，若 $s > 1$，则生产规模报酬递增；若 $s = 1$，则生产规模报酬不变；若 $s < 1$，则生产规模报酬递减。在完全竞争和规模报酬不变的前提下，令式（6.2）两边同时对 t 求导，可得欧拉方程，即：

$$ky_1 + ly_2 + hy_3 = y(k,l,h) \qquad (6.3)$$

其中，$y_1 = \dfrac{\partial y}{\partial k} = MP_k$；$y_2 = \dfrac{\partial y}{\partial l} = MP_l$；$y_3 = \dfrac{\partial y}{\partial h} = MP_h$。依据耗尽性分配定理，式（6.3）意味着，在规模报酬不变时，若按要素的边际产量分别对生产要素 k、l 和 h 付酬，则会耗尽全部生产量。根据部门利润最大化的一阶条件[①]可得：$p_k = MP_k$，$p_l = MP_l$，$p_h = MP_h$，分别为资本价格、劳动力价格以及教育收益率[②]。

在伯川德竞争中，各部门生产同质中间品，随着潜在进入者的不断进入，生产成本较高、生产效率较低的部门将逐渐被市场淘汰。但从中国的现实情况来看，国有垄断部门在行政垄断的长期保护下要素价格被普遍扭曲，并在

---

① 由于各部门间采用伯川德竞争，产品价格等于部门 i 中最低边际成本，因此，产品价格可视为常数，不影响利润最大化决策，可将其假定为 1。

② 由于本节利用劳动力平均受教育年限作为人力资本的代理变量，因而人力资本价格对应劳动力的教育收益率，人力资本价格扭曲对应劳动力教育收益率扭曲，人力资本边际产出对应劳动力教育年限的边际产出。

金融抑制环境下依靠政府隐性补贴和保护来维持经营，进一步做大做强（刘小玄和曲玥，2007；邓伟和叶林祥，2012；于良春和张俊双，2013；陈林等，2016）。在此背景下，假定垄断部门的生产要素价格扭曲程度为 $1 + \tau_k$、$1 + \tau_l$、$1 + \tau_h$，若 τ_k，τ_l，$\tau_h > 0$，表明生产要素价格存在溢价，反之存在折价，生产要素被扭曲后的价格为 $p_k^* = (1 + \tau_k)p_k$、$p_l^* = (1 + \tau_l)p_l$、$p_h^* = (1 + \tau_h)p_h$。由此，可将式（6.3）改写为：

$$\frac{p_k^*}{1 + \tau_k}k + \frac{p_l^*}{1 + \tau_l}l + \frac{p_h^*}{1 + \tau_h}h = y \qquad (6.4)$$

根据耗尽性分配定理，在规模报酬不变时，按各生产要素价格对其分别付酬 p_k^*、p_l^*、p_h^*，但总产量 y 不足以支付这种酬劳，各生产要素成本和产出之间存在着 $1 + \tau_k$、$1 + \tau_l$ 和 $1 + \tau_h$ 程度的扭曲。令式（6.4）两边同时对 h 求偏导，通过移项可得：

$$1 + \tau_h = p_h \frac{\partial h}{\partial y^*} \qquad (6.5)$$

其中，$1 + \tau_h$ 即为人力资本冗余系数，反映了人力资本实际价格（教育收益率）与其边际产出的扭曲程度。若 $1 + \tau_h > 1$，表明人力资本实际价格大于其边际产出，人力资本存在溢价，即该行业配置了过多的人力资本；若 $1 + \tau_h < 1$，表明人力资本实际价格小于其边际产出，人力资本存在折价，即该行业配置了过少的人力资本；若 $1 + \tau_h = 1$，则表明该行业人力资本达到最优配置。

参照周少甫（2013）的研究方法，假设人力资本在行业间的转移取决于工资差别以及转移成本[①]。设 P 为转移概率，则有：

$$P \propto \frac{p_h^*}{p_h} \cdot \frac{1}{D} = \frac{1 + \tau_h}{D} \qquad (6.6)$$

对于式（6.6），一方面，这一转移概率 P 反映的是由于工资溢价所引发

---

① 转移成本表示由于人力资本转移所连带的信息成本、交通成本、时间成本和心理成本等（刘晓光，2015）。

的那一部分人力资本转移的概率；另一方面，P 与教育收益率的扭曲程度正相关，与转移成本负相关，即扭曲程度越高，转移成本越低，人力资本向具有工资溢价行业的转移概率越大。

（2）教育收益率的估算方法。根据式（6.5）可知，在测度中国各行业教育收益率扭曲之前，需首先测算各行业的教育收益率与人力资本的边际产出。长期以来，解决受教育程度和个人收入的内生性问题一直是相关领域的研究重点，大量文献利用明瑟方程对中国行业、城乡的人力资本收益率进行了研究（邢春冰，2007；朱琪，2008；葛晶等，2016），但这些研究主要通过选取个人当期收入作为个人总收入对明瑟方程进行估计。而布勒等（Bhuller et al.，2011）指出，使用当期收入替代终身收入估算受教育收益率所造成的生命周期偏误要比内生性更为严重；利用个人终身收入进行分析可以解决生命周期偏误问题。然而，中国可利用的用以估计个人终身收入的长面板数据难以获得。在数据条件限制的情况下，于洪霞（2014）利用中国家庭健康与营养调查数据估算了接近个人终身平均收入的代表性年龄段，利用代表性年龄段测度了中国居民的教育收益率，为解决利用短面板估算教育收益率所产生的生命周期偏误问题提供了一种方法。本节借鉴此方法估算教育收益率。

首先利用双向效应模型估计个人年龄变化与收入之间的关系[①]：

$$\ln income_{it} = \beta_0 + \beta_1 age_{it} + \beta_2 age_{it}^2 + \gamma_t^T year_t + c_i + \varepsilon_{it} \qquad (6.7)$$

其中，i 表示第 i 个个体，t 表示第 t 年；age_{it} 表示 i 个体在第 t 年的年龄；$year_t$ 为时间固定效应，其排除了宏观环境、政策变化等因素变化对年龄和收入关系的影响；c_i 为个体固定效应，其排除了由个体特征、家庭环境、教育环境等因素所造成的影响；ε_{it} 为误差项。利用 OLS 估计式（6.7）可得到第 t 年 i 个

---

① 多重共线性通常与样本量和其提供的信息水平相关（庞皓，2014），由于年龄变量通常为小区间内整数，这种特殊的数据结构可能引发年龄与年龄平方变量之间的共线性问题，大量学者在使用明瑟方程时却对此问题进行讨论。对式（6.7）的估计结果与理论结果一致（Mincer，1974），共线性问题未对结论造成太大影响。与遗漏变量所造成的估计偏误相比，共线性问题是可以忍受的。基于此，保留年龄二次项进行回归分析。

体年龄变动与收入之间的关系，将时间固定效应和个体固定效应进行中心化处理，则有 $E(\gamma^T year) = 0$，$E(c_i) = 0$。对式（6.7）左右两边取均值得：

$$\ln income = \beta_0^* + \beta_1 age + \beta_2 age^2 \qquad (6.8)$$

其中，β_0^* 表示经过固定效应中心化调整后的截距项。根据式（6.7）和式（6.8）可得到接近终身平均收入的代表性年龄：

$$avinc = \frac{lifeinc}{R-T} = \frac{1}{R-T}\Big[\beta_0^*(R-T)$$
$$+ \frac{\beta_1}{2}(R^2 - T^2) + \frac{\beta_2}{3}(R^3 - T^3) \Big] \qquad (6.9)$$

其中，$avinc$ 表示终身平均收入；$lifeinc$ 表示终身总收入。

在得到代表性年龄之后，利用代表性年龄段样本对教育收益率进行估计，进而得到各年份各行业从业人员的平均教育收益率。基于研究目的，需保证测算结果在各行业间的可比性，并在此前提下改善计量过程的有效性。当前针对此类问题常见的解决方法主要有两种：一是进行分组回归并通过 Chow-test 检验模型结构是否具有显著变化；二是虚拟变量法。分组回归所得方程间由于系统性误差异质性，使得方程间不具有可比性。Chow-test 为检验模型结构差异性提供了一个框架，但这种回归策略会导致样本量大大减少，尤其在对中观和宏观数据进行分析时，从而降低了统计功效。虚拟变量法保证了各组样本回归系统性误差的同质性，但在组别较多的情况下，会受困于样本自由度和显著性等问题。分层贝叶斯估计为解决此类问题提供了一个良好的框架，通过在系数方程中引入组间随机效应，一方面提高了样本容量，保证了回归结果的有效性；另一方面尽可能避免了系统性误差异质所带来的不可比问题。因此，构建"个体—行业"两层级截面数据，利用分层贝叶斯模型估计得到教育收益率[1]：

---

① 相比于各年份教育收益率的差异，本节更关注特定年份中不同行业间教育收益率的横向比较，因此，保证各行业间估计结果的可比性成为回归方法选择优先考虑的问题。

第一层：

$$\ln income_{ij} = \alpha_{0j} + \alpha_{1j} edu_{ij} + \alpha_{2j} S_{ij} + e_{ij} \qquad (6.10)$$

第二层：

$$\alpha_{0j} = \gamma_{00} + \eta_{0j} \qquad (6.11)$$

$$\alpha_{1j} = \gamma_{10} + \eta_{1j} \qquad (6.12)$$

$$\alpha_{2j} = \gamma_{20} + \eta_{2j} \qquad (6.13)$$

且：$e_{ij} \sim N(0, \sigma^2)$，$\eta_{mj} \sim N(0, \tau^2)$，$cov(e_{ij}, \eta_{mj}) = 0$，$m = 0,1,2$。

式（6.10）至式（6.13）为两层贝叶斯模型，第二层方程为第一层方程中各变量的系数方程。其中，i 表示第 i 个个体，j 表示第 j 个行业；edu_{ij} 表示第 j 个行业中第 i 个个体的受教育程度；S 为性别、城乡归属等控制变量。可以看出，通过一次性估计实现对第 t 年各行业教育收益率的测度，在横向比较上未产生估计样本损失，第 j 个行业的教育收益率为 $\alpha_{1j} = \gamma_{10} + \eta_{1j}$，保证了系统性误差的一致性。

（3）人力资本冗余系数的测算方法。对于人力资本冗余系数的测度，一种可行的方法是借鉴分层贝叶斯模型思想，估计行业面板数据，得到各行业人力资本边际产出在整个时间段上的平均水平，结合教育收益率，进一步得到各行业人力资本冗余系数。但此测算方法损失了人力资本边际产出随时间变动的大量信息，导致测算结果过于依赖教育收益率的测算结果。鉴于此，通过提取劳动力平均受教育水平与教育收益率交互项的系数方程的残差，识别各行业人力资本冗余系数的差异性。

第一层：

$$Y_{ti} = \beta_{1i} K_{ti} + \beta_{2i} L_{ti} + \beta_{3i} Redu_{ti} \times H_{ti} + e_{ti} \qquad (6.14)$$

第二层：

$$\beta_{1i} = \gamma_{10} + \eta_{1i} \qquad (6.15)$$

$$\beta_{2i} = \gamma_{20} + \eta_{2i} \qquad (6.16)$$

$$\beta_{3i} = \gamma_{30} + \eta_{3i} \tag{6.17}$$

且：$e_{ti} \sim N(0, \sigma^2)$；$\eta_{mi} \sim N(0, \tau^2)$；$\mathrm{cov}(e_{ti}, \eta_{mi}) = 0$；$m = 1, 2, 3$。

根据式（6.4），$\beta_{1i} = \dfrac{p_{ki}^*}{1 + \tau_{ki}}$；$\beta_{2i} = \dfrac{p_{li}^*}{1 + \tau_{li}}$；$\beta_{3i} = \dfrac{1}{1 + \tau_{hi}}$；$Redu_{ti}$ 为教育收益率。根据式（6.14）可知，$\beta_{3i} Redu_{ti} = (\gamma_{30} + \eta_{3i}) Redu_{ti}$，为人力资本边际产出，估计系数 $\beta_{3i} = \gamma_{30} + \eta_{3i}$，为各行业人力资本冗余系数在整个时间段上平均水平的倒数。若 $\beta_{3i} < 1$，则 $1 + \tau_h > 1$，表明该行业内被配置了过多的人力资本；若 $\beta_{3i} = 1$，表明该行业的人力资本达到最优配置；若 $\beta_{3i} > 1$，则 $1 + \tau_h < 1$，表明该行业内被配置了过少的人力资本。

6.2.2　变量选取、数据来源与处理

（1）变量选取。通过对接 2010 年、2012 年、2014 年中国家庭追踪调查数据和 2009～2015 年《中国劳动统计年鉴》《中国统计年鉴》中国人口和就业统计年鉴，构造"时间—行业""个人—行业"两层级数据，对中国各行业人力资本冗余系数进行测算。

对微观变量的选取，本节选用教育收益率（*Redu*）作为人力资本收益率（人力资本成本）的代理变量，根据教育收益率的测度方法以及中国家庭追踪调查数据提供的完整信息，微观变量主要选取：个体收入的对数（ln*income*）、个体受教育程度（*edu*）、年龄（*age*）、年龄平方（*age2*）[①]，以及城乡归属（*urban*，城镇 = 1）和性别（*gender*，男性 = 1）作为控制变量。中国城镇和农村的经济发展程度、物资丰富程度存在很大差异，农村个体平均受教育质量相比于城镇也较低，需对城乡进行控制。中国存在着较为严重的性别工资歧视现象，不仅体现在对女性工资的歧视上，还体现在对女性职业分割的就业歧视上（郭凤鸣和张世伟，2012；卿石松郑和加梅，2013）。为尽可能剔除个体差异带来的影响，还对民族（*nation*，汉族 = 1）、雇主性质（*state*，国有部

[①]　为保证回归系数的可读性，将年龄平方（*age2*）除以 100。

门 = 1）、党员（*party*，是 = 1）、婚姻状况固定效应（*marry*1 ~ 4：已婚、同居、离婚、丧偶，其他表示未婚）进行了控制。

行业中观主要变量选取如下：

第一，人力资本存量（*H*）。与微观变量相对应，本节采用从业人员平均受教育年龄作为行业人力资本存量的代理变量。具体来看，不同教育水平的受教育年限为：文盲/半文盲 = 0、小学 = 6、初中 = 9、高中 = 12、中专/大专 = 15、本科 = 16、硕士 = 19、博士 = 22。根据《中国人口和就业统计年鉴》中各行业从业人员受教育程度的构成作为权重对不同教育水平的受教育年限进行加权。

第二，资本存量（*K*）。学者们大多采用永续盘存法估算行业资本存量，分歧主要存在于对折旧率的估算，如经验估算、投入产出表估算、资本分类估算等。本节参照田友春（2016）的方法，利用中国投入产出表估算各行业有差别化的折旧率，再利用历年《中国统计年鉴》中全社会分行业固定资产统计数据，估算中国2009 ~ 2014年的分行业资本存量，数据单位为千亿元，以1990年为基期进行平减。

第三，行业产出（*Y*）和劳动人口规模（*L*）。各行业产出（*Y*）为各行业增加值（千亿元），以1990年为基期进行平减。各行业劳动人口规模（*L*）为城镇劳动人口总量（千万人），用以控制劳动人口规模对产出的影响（数据来源于《中国人口和就业统计年鉴》）。

第四，行政垄断性服务业（*Mon*）。关于行业行政垄断程度的研究，学者们尚未达成共识。[①] 鉴于此，本节将指标体系法和虚拟变量法相结合。国有垄断行业的特点是行业内企业个数较少且国有经济占主体，与之相对应的竞争

[①] 引用率较高的主要有：国有经济比重衡量法，认为行政垄断程度与国有经济高度相关，因此，某一行业的行政垄断程度可以利用国有经济占比来衡量（刘小玄，2003；白重恩，2004；丁启军，2010）；虚拟变量法，认为行政垄断企业主要分布在"控制国有经济命脉"的重要行业，其余行业则是竞争性行业，可将行政垄断看作一个只具有"是"和"否"两个状态的取值空间（岳希明和蔡萌，2015；聂海峰和岳希明，2016；陈林等，2016）；指标体系法，认为单一指标无法反映行政垄断的实质，需从财政补贴、国有企业规模、财政收支等多方面进行衡量（于良春和余东华，2009；于良春和张伟，2010；靳来群等，2015）。

行业则具有企业个数非常多且国有经济占比较低的特点（岳希明和蔡萌，2015；聂海峰和岳希明，2016）。据此，利用国有企业劳动力占比、国有企业固定资产投资占比衡量行业内的国有经济占比，利用行业法人单位数量衡量企业个数，将反向指标法人单位数量取对数的负值，采用主成分分析法降维，构建行政垄断评价指标，并将该指标大于75%分位点的行业视为行政垄断行业（$Mon=1$）。具体来看，行政垄断行业包括：水利、环境和公共设施管理业，卫生、社会保障和社会福利业，教育，电力、燃气及水的生产和供应业，公共管理和社会组织。可见，行政垄断行业均属于第三产业，因此也可称之为行政垄断性服务业。

（2）数据来源与处理。中国家庭追踪调查包含2010年、2012年和2014年三年样本，覆盖中国25个省份，重点关注中国居民的经济与非经济福利，以及包括经济活动、教育成果、家庭关系与家庭动态、人口迁移、健康等在内的诸多研究主体，是一项全国性、大规模、多学科的社会跟踪调查项目。成人库重点关注个人经济状况、工作情况和身体状况等，其中，2010年、2012年和2014年分别完成个人样本33600个、35719个和37147个，为我们提供了详尽的个体信息。同时，历年《中国统计年鉴》和《中国人口与就业统计年鉴》中包含有反映同一时期的行业中观数据，可以进行完美的对接。为将数据应用于式（6.10）至式（6.17）以测度各行业教育收益率的扭曲程度，需首先对数据进行处理。

第一，根据所需要的变量，2010年数据剔除信息不完整样本（10732个），剔除行业信息不具体样本（9278个），最终保留13590个。类似地，2012年和2014年样本分别保留9758个和7578个。最终样本中，连续三年具有观测值的个体有2280个；2010年和2012年连续两年具有观测值的个体有4739个；2012年和2014年连续两年具有观测值的个体有4127个，此类追踪数据为本节估计个体收入随年龄的变化趋势提供了良好的信息。

第二，根据上述样本估算得到2010年、2012年和2014年总计三年各行业的教育收益率。由于教育收益率随时间变化程度较小，本节假定2009年教育收益率与 2010 年相同，2011 年和 2013 年教育收益率取相邻年份的平均值，以将各行业教育收益率拓展到 2009～2014 年。

第三，在两个层面上分别生成适用于分析的变量。各变量的描述性统计如表 6-1 所示。

表 6-1　　　　　　　　　　　　变量的描述性统计

变量	统计量	样本量	均值	方差	最大值	最小值
收入（对数）	*lnincome*	30926	9.514	1.11	12.999	6.397
年龄	*age*	30926	40.442	156.581	110	16
年龄平方/100	*age2*	30926	17.922	112.838	121	2.56
受教育年限	*edu*	30926	8.609	20.653	22	0
性别	*gender*	30926	0.598	0.24	1	0
行业产出	*Y*	114	9.815	163.305	69.779	0.454
资本存量	*K*	114	29.041	2399.799	237.494	0.286
劳动力	*L*	114	0.804	1.026	5.258	0.059
人力资本存量	*H*	114	11.403	3.163	14.272	7.379

注：省略报告了7个控制变量的描述性统计。

6.2.3　测算结果分析

（1）教育收益率的估计。表 6-2 报告了全生命周期平均收入的代表性年龄段。本节假定开始工作年龄为 12～19 岁，退休年龄为 60 岁，利用总样本双向固定效应模型、各年份分样本个体效应控制模型，依次测度接近终身平均收入的代表性年龄段。可以看出，随着开始工作年龄的变化，代表性年龄略微减小。总样本回归所得代表性年龄为 44～45 岁，而基于各年份样本所得结果偏大。总体来看，各年份样本所得结果均在 45～50 岁。本节最终以总样本双向固定效应模型所测度的结果为准，认为 44～45 岁是中国居民全生命周期平均收入的代表性年龄段，即中国居民在 44～45 岁的收入接近终身平均收入。该结论与于洪霞（2014）利用 CHNS 在 1989～2009 年的 8 次调查数据，测算所得的收入代表性年龄段 37～38 岁存在一定差异。这主要由以下几点原因导致：第一，CHNS 数据 1989 年样本平均年龄为 34.6 岁，样本平均年龄逐年递增至 2009 年为 42.3 岁；CFPS 数据 2010 年、2012 年和 2014 年样本平均年龄分别为 40.02 岁、39.07 岁和 39.06 岁，CFPS 数据样本年龄整体要高于 CHNS。第二，CFPS 调查时间内样本的职业发展和进步空间更大，代表性年龄自然要更大。第三，CHNS 样本覆盖中国 9 个省份的部分城市和农村，而 CFPS 样本覆盖中国 25 个省份，地区间发展不平衡导致 CHNS 估计结果可能存在一定偏差。

表 6 - 2　　　　　2010 年、2012 年和 2014 年代表性年龄估计结果

时间样本	开始工作年龄（岁）						
	12	13	14	15	16	17	18
2010 年	47.746	47.554	47.383	47.235	47.11	47.009	46.932
2012 年	46.094	45.983	45.895	45.83	45.788	45.769	45.774
2014 年	51.132	50.809	50.503	50.216	49.948	49.701	49.476
总样本	44.857	44.816	44.797	44.799	44.824	44.87	44.938

在测得代表性年龄段之后，进一步利用处于代表性年龄段的个体测算教育收益率。考虑到样本量的充足性以及与 44~45 岁代表性年龄段的接近性，对代表性年龄段附近样本包括 36~43 岁和 42~47 岁样本都进行了分析和比较。表 6-3 为零模型的回归结果，其中，截距项表示个体收入对数的总体平均值。可以看出，2010 年和 2012 年的总体平均值几乎一致，2014 年较高。各样本回归结果中的组内方差均在 0.72 左右，说明中国居民收入的总体差异在 2010~2014 年基本没变；但行业间方差在不断缩小，与相同年龄段 2010 年的行业组间方差相比，2014 年几乎下降了 50%，这表明中国行业间的发展正趋于平衡。但即便如此，从 ICC 来看，行业间收入差距仍解释了居民收入总体差距的 10% 左右，对于各年龄段样本，2010 年和 2014 年中均是 43~46 岁样本的 ICC 最高；2012 年 43~46 岁样本的 ICC 为 9.48%，略低于 42~47 岁样本 11.27%，43~46 岁样本中各行业个体收入更具有多样性。综上所述，各样本的组间方差均达到统计意义上显著，尤其是 43~46 岁年龄段样本的 ICC 更高，更具有利用分层贝叶斯模型进行估计分析的价值。

表 6 – 3　　　2010 年、2012 年和 2014 年教育收益率估计的零模型回归结果

时间样本	年龄段样本	截距项	组内方差	组间方差	ICC^a（%）
2010 年	44～45 岁	9.7642 *** (97.077)	0.73570	0.16002 *** (755.248)	17.86
	43～46 岁	9.8120 *** (102.936)	0.71638	0.15594 *** (1827.387)	17.88
	42～47 岁	9.8063 *** (108.59)	0.72256	0.14483 *** (2680.336)	16.70
2012 年	44～45 岁	9.6912 *** (110.319)	0.77576	0.07644 *** (45.7836)	8.97
	43～46 岁	9.7041 *** (124.751)	0.73693	0.07721 *** (69.981)	9.48
	42～47 岁	9.7291 *** (123.890)	0.73568	0.09344 *** (113.561)	11.27
2014 年	44～45 岁	10.006 *** (117.057)	0.72238	0.07053 *** (41.787)	8.90
	43～46 岁	10.245 *** (128.207)	0.72460	0.07554 *** (71.425)	9.44
	42～47 岁	10.040 *** (149.427)	0.73126	0.06188 *** (83.086)	7.80

注：a 组内相关系数（ICC）＝组间方差/（组内方差＋组间方差）×100%。
（1）截距项括号内为 t 值，组间方差括号内为卡方值；（2）*** 表示在 1% 的水平下达到统计意义上显著；（3）控制稳健标准误的回归结果与此处几乎一致，在这里不再报告。

　　根据零模型回归结果，综合考虑样本量的充足性和代表性年龄段的接近性，表 6 – 4 仅报告了各年份 43～46 岁年龄段样本教育收益率模型的估计结果。各回归系数和组间方差均达到统计意义上显著。从教育收益率估计系数来看，比较模型一和模型二的回归结果，模型一在系数方程中不引入随机效应的情况下，各样本教育收益率存在不同程度的低估，2012 年平均教育收益率在各模型中均为最高。对于受教育年限系数方程的组间方差，2010～2014 年的估计值递减，说明教育收益率在各行业中的差异性在不断减少。模型三

和模型四相较于模型二，平均教育收益率都存在不同程度的下降，这表明中国男性和城镇居民的受教育质量和教育收益率普遍高于女性和农村居民。除2014年外，相较于模型二，模型四中所估计的教育收益率比模型三下降幅度更大，说明中国城乡居民的教育收益率差距要比性别间的差距更加明显。可见，若不对性别和城乡进行控制，可能导致对教育收益率的高估。总体来看，在模型三至模型五中，对教育收益率的估计与模型二在估计系数和显著性上几乎一致，这在一定程度上验证了本节教育收益率估计模型的稳定性。[①]

表 6 - 4 　　　　　　2010 年、2012 和 2014 年 43 ～ 46 岁年龄段样本的
教育收益率估计结果

时间样本	估计变量	模型一	模型二	模型三	模型四	模型五
2010 年	受教育年限	0.0534 *** (8.234)	0.0606 *** (6.440)	0.0596 *** (6.408)	0.0497 *** (6.997)	0.0582 *** (6.756)
	edu 组间方差		0.0010 *** (73.733)	0.0011 *** (95.397)	0.0009 *** (58.122)	0.0009 *** (73.930)
2012 年	受教育年限	0.0556 *** (9.371)	0.0611 *** (5.651)	0.0605 *** (5.670)	0.0565 *** (5.843)	0.0552 *** (5.758)
	edu 组间方差		0.0011 *** (43.083)	0.0012 *** (50.643)	0.0008 *** (38.667)	0.0008 *** (40.956)
2014 年	受教育年限	0.0481 *** (5.720)	0.0551 *** (4.668)	0.0483 *** (3.954)	0.0543 *** (4.867)	0.0496 *** (4.054)
	edu 组间方差		0.0011 *** (33.699)	0.0012 *** (37.577)	0.0011 ** (26.166)	0.0013 *** (28.607)

注：（1）截距项括号内为 T 值，组间方差括号内为卡方值；（2） *** 表示在 1% 的水平下达到统计意义上显著；（3） edu 组间方差表示受教育年限系数方程的组间方差；（4）省略了 7 个控制变量的回归结果。

[①] 梁润（2011）利用 CHNS 数据，基于 OLS 估计所得的 2009 年城镇和农村教育收益率分别为 0.087 和 0.047。而孙志军（2014）利用双胞胎数据，基于 OLS 估计所得的教育收益率为 0.14，基于组内差分估计值为 0.04，修正后为 0.06。于洪霞（2013）利用 CHNS 数据，基于 OLS 估计所得的 2009 年教育收益率为 0.101，在全生命周期框架下此估计值为 0.058。可以看出，OLS 估计方法会高估中国居民教育收益率，本节模型二的估计结果在 0.055 ～ 0.061，与上述研究修正过后的结果基本一致。

表 6 - 5 报告了基于模型二和模型五的 43 ~ 46 岁年龄段样本的各行业教育收益率估计结果。从教育收益率的绝对数值来看，本节基于模型二估计的三年样本各行业教育收益率综合排名，将中国 19 个行业分为三个梯度，第一个梯度包括：批发和零售业，交通运输、仓储和邮政业，居民服务和其他服务业，住宿和餐饮业，农、林、牧、渔业，制造业；第二个梯度包括：采矿业，房地产业，建筑业，租赁和商务服务业，水利、环境和公共设施管理业，金融业，科学研究、技术服务和地质勘查业，信息传输、计算机服务和软件业，电力、燃气及水的生产和供应业；第三个梯度包括：文化、体育和娱乐业，卫生、社会保障和社会福利业，公共管理和社会组织，教育。

表 6 - 5　　　　2010 年、2012 年和 2014 年 43 ~ 46 岁样本各行业
教育收益率测算结果

行业编码和名称		2010 年		2012 年		2014 年	
编码	行业名称	模型二	模型五	模型二	模型五	模型二	模型五
1	农、林、牧、渔业	0.0436	0.0292	0.0491	0.0452	0.0311	0.0306
2	采矿业	0.0366	0.0252	0.0321	0.0262	0.0301	0.0116
3	制造业	0.0526	0.0392	0.0521	0.0332	0.0441	0.0246
4	电力、燃气及水的生产和供应业	0.0696	0.0762	0.0751	0.0742	0.0931	0.0896
5	建筑业	0.0486	0.0422	0.0491	0.0422	0.0331	0.0386
6	交通运输、仓储和邮政业	0.0376	0.0372	0.0291	0.0362	0.0351	0.0346
7	信息传输、计算机服务和软件业	0.0786	0.0852	0.0721	0.0742	0.0611	0.0606
8	批发和零售业	0.0216	0.0322	0.0302	0.0471	0.0291	0.0356
9	住宿和餐饮业	0.0426	0.0412	0.0521	0.0592	0.0461	0.0146
10	金融业	0.0616	0.0692	0.0661	0.0712	0.0621	0.0726
11	房地产业	0.0456	0.0482	0.0561	0.0632	0.0266	0.0438
12	租赁和商务服务业	0.0556	0.0572	0.0591	0.0332	0.0551	0.0636
13	科学研究、技术服务和地质勘查业	0.0686	0.0672	0.0581	0.0592	0.0571	0.0516
14	水利、环境和公共设施管理业	0.0586	0.0492	0.0601	0.0502	0.0461	0.0396

行业编码和名称		2010 年		2012 年		2014 年	
编码	行业名称	模型二	模型五	模型二	模型五	模型二	模型五
15	居民服务和其他服务业	0.0386	0.0342	0.0461	0.0342	0.0281	0.0296
16	教育	0.1176	0.1092	0.1171	0.0942	0.0771	0.0796
17	卫生、社会保障和社会福利业	0.0906	0.0932	0.0931	0.0852	0.0751	0.0806
18	文化、体育和娱乐业	0.0756	0.0762	0.0701	0.0552	0.0621	0.0406
19	公共管理和社会组织	0.1066	0.0942	0.0951	0.0702	0.0911	0.0906

可以看出，第一梯度行业主要为人力资本存量较低的劳动密集型行业，此类行业的特点是技术较为成熟，风险较低，在物质资本和人力资本积累尚未达到一定程度的发展中国家具有比较优势（Lin，2009）。第二梯度行业主要为一些人力资本存量较高的资本密集型行业，例如房地产业，金融业，信息传输、计算机服务和软件业，科学研究、技术服务和地质勘查业，以及少数规模垄断性行业，例如水利、环境和公共设施管理业，电力、燃气及水的生产和供应业。第二梯度中前一类行业依靠着产品创新和技术创新实现超额利润，随着中国近年来资本不断积累，产业结构正逐步由劳动密集型行业向此类行业转移；后一类行业则主要依靠规模垄断获取超额利润，由于采矿业，电力、燃气及水的生产和供应业存在规模递增效应，高程度的竞争和分散化生产反而不利于行业整体效率的提升，但事实上，中国的规模垄断行业并非完全是通过竞争而形成的规模垄断，在很大程度上是通过行政干预形成的，本质上仍属于行政垄断的范畴（武鹏，2011）。整体来说，第二梯度的行业由于技术创新、规模效应和行政垄断获取超额利润，使得其教育收益率高于第一梯度行业。第三梯度行业包括近年来快速兴起的文化、体育和娱乐业以及教育，随着网络经济的快速发展，国民更容易地接触到文娱教育资源，部分企业、人才更是享有"一家独大"的待遇。另外一部分则是卫生、社会保障和社会福利业，公共管理和社会组织等政府机关或事业单位。综上所述，除了通过部分创新程度较高或由互联网发展所带动的高需求行业，行政垄断正

成为影响教育收益率的最重要因素之一。

（2）人力资本冗余系数的测算。与教育收益率的估计相同，在利用分层贝叶斯模型估计中国各行业人力资本冗余系数前，需检验被解释变量（行业增加值）在行业间差异的显著性，结果如表6-6所示。通过"零模型+"回归结果可以看出，组间方差在1%的水平下达到统计意义上显著，且组间方差远远大于组内方差，说明行业对被解释变量差异性的解释力度很高。由于回归模型基于欧拉方程建立，未对变量进行对数化等平稳性处理，在估计的过程中很可能出现异方差问题，故本节利用稳健标准误对方差进行修正，使得估计结果更加稳健①。

表6-6　　　　　　　　　　人力资本冗余估计结果

效应	变量	零模型+	模型六	模型七	模型八
固定效应	截距项	9.8151 *** (3.371)			
	K		0.0769 * (2.612)	0.0759 * (2.080)	0.0790 ** (2.276)
	L		4.0371 *** (4.294)	5.4865 *** (6.164)	5.3667 *** (6.207)
	H		0.6501 (0.196)		
	$Redu \times H$			6.3034 ** (2.532)	11.5563 *** (4.012)
	Mon				-11.0292 *** (-2.9332)
固定效应（稳健的标准误）	截距项	9.8151 *** (3.463)			
	K		0.0769 ** (2.811)	0.0759 ** (2.274)	0.0790 ** (2.497)
	L		4.0371 *** (4.335)	5.4865 *** (4.638)	5.3667 *** (4.341)

———————————

① 在表6-6报告的回归结果中，基于稳健标准误的固定效应估计一般都具有更高的显著度。

续表

效应	变量	零模型＋	模型六	模型七	模型八
固定效应 （稳健的标 准误）	H		0.6501 (0.573)		
	$Redu \times H$			6.3034 ** (2.784)	11.5563 *** (3.540)
	Mon				-11.0292 *** (-3.511)
随机效应	组内方差	11.0762	4.2176	6.4446	6.5131
	组间方差	159.2761 *** (1571.021)			
	K		0.1089 *** (41.503)	0.0049 *** (54.058)	0.0044 *** (52.998)
	H		0.4063 *** (121.813)		
	$Redu \times H$			94.1407 *** (102.694)	62.9096 *** (82.6707)

注：（1）截距项括号内为 t 值，组间方差括号内为卡方值；（2） ***、** 和 * 分别表示在1%、5% 和 10% 的水平下达到统计意义上显著；（3）"零模型＋"主要为了与表6-3中的零模型进行区别；（4） Mon 为嵌套在 $Redu \times H$ 系数方程下的变量；（5）由于在控制人力资本变量后，劳动力（L）系数方程中随机效应的标准误过大，为保证模型整体的稳健性，将其剔除。

模型六的回归结果中，K 和 L 都对增加值产生了有效影响，人力资本的边际产出未达到统计意义上显著。一方面，可能是由于行政垄断行业工资溢价所引发的教育收益率扭曲，导致人力资本存量与行业人力资本边际产出出现"倒挂"现象，进而使得人力资本总体上表现为对行业产出无效；另一方面，可能是由于人力资本对产出的影响存在门槛效应。

模型七中，在教育收益率不变的情况下，$Redu \times H$ 的估计系数越小说明人力资本边际产出越小；反之则越大。因此，$Redu \times H$ 的估计系数反映了人力资本冗余系数的倒数。模型七的固定效应回归结果中，$Redu \times H$ 的估计系数达到6.3034，在5%的水平下达到统计意义上显著，在稳健的标准误下显著性有所提升，表明中国人力资本规模总体上较小。

模型八中，*Mon* 的估计系数为 – 11.0292，在 1% 水平下达到统计意义上显著。非行政垄断性行业的人力资本冗余系数为 0.0865（1/11.5563），小于 1，表明非行政垄断性行业配置了过少的人力资本。行政垄断性服务业的人力资本冗余系数为 1.8972 [1/（11.5563 – 11.0292）]，表明其配置了过多的人力资本。比较模型七和模型八的随机效应，*Redu* × *H* 估计系数的组间方差缩减比例为 33.17% [（94.1407 – 62.9096）/94.1407 × 100%]，说明行政垄断性服务业解释了人力资本冗余系数在行业间差距的 33.17%。无论是固定效应还是随机效应，均可以看出中国人力资本普遍存在着"脱实向虚"的特征。中国政府一直以自然垄断为由限制竞争者进入公共服务行业，事实上，许多公共服务企业从一开始就是政府管制的结果，是政府准入限制的胜利者，这大大提高了社会资源的风险和成本（王中美，2010）。随着工业化的大规模发展和政府对垄断部门的扶持，中国逐渐形成了低学历劳动力向工业化和传统服务业部门集聚，人力资本向事业单位和公共服务部门转移的人力资本分割的局面（李静和楠玉，2017），这导致中国创新部门人力资本不足，要素生产效率低下等现象。综上所述，目前中国行政垄断性服务业是导致人力资本在行业间错配的主要部门。

在表 6 – 6 的回归结果中还发现人力资本对行业产出的影响效应并不明显，本节认为这可能是由于人力资本与产出"倒挂"和门槛效应两方面导致。王永水和朱平芳（2016）研究认为，在人力资本达到某一程度之后，经济体将进入新的均衡增长路径，人力资本水平跨越门槛后，物质资本回报率将会大幅度提高。基于面板门限模型的检验发现，人力资本对行业产出的确存在显著的门槛效应，人力资本的门槛值为 10.4791，*F* 检验值为 5.7631，在 5% 水平下达到统计意义上显著。为更准确地测度人力资本错配水平，以某一行业就业人员平均受教育年限是否大于 10.4791 为标准，将总样本划分为低人力资本存量行业和高人力资本存量行业，据此对模型六和模型七进行估计。[①]

─────────────

① 由于 *H* 和 *Redu* × *H* 组间方差的估计结果在本节结论中十分重要，这样处理是为了保证组内样本量的充足性。

同时，以某一行业某一年的人力资本存量是否达到 10.4791 为标准，构建人力资本虚拟变量（*HHR*），符合标准的样本为 1，否则为 0，将虚拟变量与 *H* 和 *Redu* × *H* 分别做交互项再次进行估计，结果如表 6 – 7 所示。[①]

表 6 – 7　　　　　　　　　　分人力资本样本的回归结果

效应	变量	低人力资本样本		高人力资本样本		总样本引入虚拟变量	
		模型六	模型七	模型六	模型七	模型六	模型七
固定效应	K	0.0275 (0.110)	0.1082 (0.438)	0.1039*** (3.519)	0.0848** (3.161)	0.1245* (1.874)	0.0631 (1.100)
	L	3.4245** (2.505)	4.5185*** (3.783)	7.2100* (1.886)	7.4209** (2.316)	3.7545*** (6.293)	4.7387*** (8.849)
	H	0.9645** (2.746)		−0.0111 (−0.152)		0.6380** (2.389)	
	$HHR \times H$					−0.6380** (−2.289)	
	$Redu \times H$		16.8301* (2.294)		−0.2478 (−0.303)		12.5376** (2.601)
	$HHR \times Redu \times H$						−12.0912** (−2.423)
固定效应（稳健的标准误）	K	0.0275 (0.123)	0.1082 (0.463)	0.1039*** (5.230)	0.0848*** (4.139)	0.1245* (1.956)	0.0631 (1.153)
	L	3.4243*** (5.539)	4.5185*** (5.022)	7.100* (2.077)	7.4209** (2.597)	3.7545*** (10.179)	4.7387*** (12.486)
	H	0.9645** (3.149)		−0.0111 (−0.193)		0.6380** (2.515)	
	$HHR \times H$					−0.6380** (−2.407)	

[①] 分样本估计会导致总体样本量减少，进而使得估计结果的说服性不足。因此，通过引入虚拟变量的方法对总样本再次进行估计以检验分样本估计结果的准确性。

续表

效应	变量	低人力资本样本		高人力资本样本		总样本引入虚拟变量	
		模型六	模型七	模型六	模型七	模型六	模型七
固定效应（稳健的标准误）	*Redu × H*		16.8301 ** (2.620)		− 0.2478 (− 0.425)		12.5376 ** (2.738)
	HHR × Redu × H						− 12.0912 ** (− 2.551)
随机效应	组内方差	5.9486	7.5799	1.8446	2.0166	2.1747	2.9036
	K	0.3289 *** (37.450)	0.3173 *** (25.403)	0.0035 *** (15.617)	0.0017 *** (18.315)	0.0625 *** (29.010)	0.0455 *** (15.364)
	H	0.8111 *** (60.580)		0.0336 (0.392)		0.6601 *** (22.254)	
	HHR × H					0.8297 *** (138.597)	
	Redu × H		360.2452 *** (46.894)		76.2158 (2.851)		207.0458 *** (27.6642)
	HHR × Redu × H						262.7646 *** (138.768)

注：（1）截距项括号内为 *t* 值，组间方差括号内为卡方值；（2） ***、**和*分别表示在1%、5%和10%的水平下达到统计意义上显著。

　　从随机效应来看，高人力资本样本模型六和模型七的 *H* 和 *Redu × H* 变量的组间方差未达到统计意义上显著，说明高人力资本行业中人力资本边际产出和教育收益率扭曲程度不具有明显的差异，这也在一定程度上说明了本节人力资本门槛选择的合理性。从固定效应来看，对于低人力资本样本的回归结果，模型六中人力资本对产出具有显著的正向影响（0.9645 **），而对于高人力资本样本，人力资本的边际产出为负（ − 0.0111，接近于 0），但未达到统计意义上显著。这表明中国各行业随着人力资本不断积累，人力资本对产业的影响由促进作用转变为抑制作用，人力资本对产出的影响存在倒置的门槛效应。在模型七的回归结果中，高人力资本样本的教育收益率扭曲估计均值（ − 0.2478）要远低于低人力资本样本，表明中国人力资本存在着更为严重的价格扭曲和错配现象。为检验由于样本量不足而产生的分样本估计偏误问题，在模型六和模型七中引入人力资本虚拟变量（*HHR*）对总样本进行估计，得到 *HHR* × *H* 和 *HHR* × *Redu* × *H* 的估计系数分别为 − 0.6380 和 −12.0912，且在 5% 水平下达到统计意义上显著。可见，人力资本存量对行业产出的影响存在门槛效应，低学历劳动力的冗余系数小于 1；而人力资本的冗余系数大于 1，处于过量配置状态。

综上所述，中国各行业人力资本对产出的这种倒置的门槛效应是由于人力资本错配所导致，而并非经济增长均衡路径的改变。在金融抑制的影响下，中国行政垄断行业的工资溢价吸引了大量人力资本进入，但并未将这种人力资本优势转化为创新效率和生产效率。行政垄断部门的人力资本存量越高，说明其工资溢价越高，对利率租金等政府隐性补贴和保护的依赖性越高，进而导致生产效率损失越发严重，教育收益率扭曲进一步恶化，表现为人力资本对产出的倒置的门槛效应。

表 6-8 分别报告了基于分行业样本普通最小二乘法（OLS）估计、总样本分层贝叶斯估计和分人力资本样本分层贝叶斯估计所得到的人力资本错配值。比较 OLS 与总样本分层贝叶斯估计结果，由于 OLS 估计的各方程间系统性误差异质问题，人力资本估计结果较为分散，上下界较宽，由于样本量不足，部分估计值出现异常，例如制造业（57.5118），批发和零售业（47.369）。比较总样本分层贝叶斯与分人力资本样本分层贝叶斯估计结果，在未考虑到倒置的门槛效应时，基于总样本的估计整体上高估了低人力资本行业的错配程度，而低估了高人力资本行业的错配程度，但两者估计结果中行业的排名几乎一致。

表 6-8　　　　　　　　　　　　人力资本冗余测算

行业	总样本（分层贝叶斯）		分人力资本样本（分层贝叶斯）		分行业样本（OLS）	
	估计值	排名	估计值	排名	估计值	排名
农、林、牧、渔业	26.3084	18	13.2041	17	2.4074	13
采矿业	10.4134	15	12.1991	16	− 7.5226	2
制造业	29.6834	19	38.0751	18	57.5118	19

续表

行业	总样本 （分层贝叶斯）		分人力资本样本 （分层贝叶斯）		分行业样本 （OLS）	
	估计值	排名	估计值	排名	估计值	排名
电力、燃气及水的生产和供应业	1.0244	6	**-0.4748**	8	0.2225	8
建筑业	3.8684	11	7.7261	14	5.2836	15
交通运输、仓储和邮政业	2.0984	8	**-0.6278**	6	4.3226	14
信息传输、计算机服务和软件业	5.1964	12	8.8761	15	-9.0714	1
批发和零售业	18.5314	17	50.1221	19	47.369	18
住宿和餐饮业	2.9974	10	-0.7819	3	0.2649	9
金融业	10.9684	16	**3.6142**	12	0.9817	10
房地产业	5.2414	13	**-0.2488**	11	6.1457	16
租赁和商务服务业	2.7194	9	**-0.3608**	10	2.1237	11
科学研究、技术服务和地质勘查业	1.2684	7	**-0.3958**	9	0.1442	6
水利、环境和公共设施管理业	-1.5006	2	**-0.6988**	4	-0.1694	4
居民服务和其他服务业	6.1174	14	5.2191	13	2.3015	12
教育	-2.6476	1	**-1.4338**	1	-0.1275	5
卫生、社会保障和社会福利业	-1.1936	4	**-0.6398**	5	9.911	17
文化、体育和娱乐业	0.1584	5	**-0.4878**	7	0.1852	7
公共管理和社会组织	-1.4876	3	**-0.9718**	2	-0.9734	3

注："分人力资本样本（分层贝叶斯）"一列中，加粗字体表示高人力资本样本估计结果，反之为低人力资本样本估计结果。

由于分人力资本样本的回归结果同样存在系统性误差异质和样本量不足等问题，综合考虑，仍以总样本的分层贝叶斯估计结果为准。可以看出，中国人力资本冗余系数最低的三个行业依次为：制造业，农、林、牧、渔业，批发和零售业。这三个行业是中国典型的接近竞争性市场的行业，除此之外，竞争性较强的居民服务和其他服务业，信息传输、计算机服务和软件业，住宿和餐饮业分别排名第 14 位、第 12 位和第 10 位。值得注意的是，国有企业占比较大的金融业同样具有较高的人力资本存量和人力资本成本，但人力资本冗余系数较低，在 19 个行业中排名第 16 位。这主要是由于：一方面，金融业利润与宏观经济发展的紧密联系不可否认，但中国经济主要是依靠资源消耗和投资拉动的粗放式增长，在这种情况下，金融业尤其是银行业便获得了一种基于卖方市场的溢价水平（姜琪和李占一，2012），这种相比于其他垄断行业更为隐蔽的市场势力使得金融业即便在经济萎靡时仍可获取较高的利润；另一方面，大量文献证实了金融业或银行业存在效率损失（侯晓辉等，2011；姜琪和李占一，2012；邵汉华等，2014），金融业的行业属性决定了其对于人力资本的要求较高，其要素错配问题主要存在于资本的错配上。[①]

中国人力资本冗余系数最高的四个行业均为公共服务业，依次为：教育，水利、环境和公共设施管理业，公共管理和社会组织，卫生、社会保障和社会福利业。另外，文化、体育和娱乐业，电力、燃气及水的生产和供应业等垄断行业排名都相对靠前。中国政府一直以自然垄断为由限制竞争者进入公共服务行业，事实上，许多公共服务企业从一开始就是政府管制的结果，是政府准入限制的胜利者，这大大提高了社会资源的风险和成本（王中美，2010）。随着工业化的大规模发展和政府对垄断部门的扶持，中国逐渐形成了低人力资本向工业化和传统服务业部门集聚，高级人力资本向事业单位和公共服务部门转移的人力资本分割的局面（李静和楠玉，2017），这导致了中国创新部门人力资本不足、要素生产效率低下等现象。

6.3 政府干预对教育目的的影响：基于教育期望的视角

6.3.1 实证研究设计

（1）基本假设。本节试图从侧面证明政府干预越强的地区，人们接受教育的目的更多的是为了寻租，从而引发人力资本错配。利用不同职业类型从

---

① 根据式（6.14）至式（6.17）的测算结果，金融业资本边际产出为 0.1453，在 19 个行业中排名第 8 位。虽然金融业的固定资产投入较少，但其规模的扩大会带来庞大的流动性、人员等管理费用，较低的资本边际产出同样会带来较大的效率损失和资本错配。

业人员的教育期望来反映其接受教育的目的。教育期望①主要是个体根据自身当前工作、收入、社会地位等情况对进一步接受教育的意愿。如果一个地区继续接受教育的意愿主要来自于通过学历获取晋升机会的行政人员，那么在一定程度上表明该地区个体接受教育的目的主要是进行寻租。相反，如果一个地区继续接受教育的意愿主要来自于从事创新工作的技术人员，那么在一定程度上表明该地区个体接受教育的目的主要是进行生产。除此之外，由于个人的教育期望和工作经验势必会通过社会网络传递给他人，例如，由于学历有限而在行政岗位上难以获得晋升机会，这种经验会激励即将有志进入行政岗位的劳动力接受更高层次的教育，努力获取更高的学历，形成一种类似于羊群效应的传递机制。因而，观察教育期望的分布可以在一定程度上反映人们接受教育的目的是什么，鉴于此，本节提出两个可供检验的研究假设：

H6-1：国有部门从业人员具有更高的教育期望。

H6-2：地区政府干预程度越大，民营部门与国有部门行政人员的教育期望差别越大。

（2）模型建立。利用 Probit 模型检验个体是否期望接受某一阶段教育的概率，基准模型如下：

$$Probit(E_{edu} = 1) = \alpha_0 + \alpha_1 soe + \beta_1 edu + \beta_{2m} X_m + \gamma + \varepsilon \qquad (6.18)$$

其中，E_{edu} 表示个体的教育期望，包括 E_{edu}_gz、E_{edu}_bk、E_{edu}_yjs，分别表示期望接受高中及以下教育、期望接受大专或本科教育、期望接受研究生教育。soe 表示国有部门，包括 soe_zf、soe_gq，分别表示国有部门的行政人员和国有部门的非行政人员。γ 表示行业固定效应，ε 表示随机扰动项。α_1 是本节所关心的参数，若 α_1 显著大于 0，则表明国有部门从业人员相对于民营部门具有更高的教育期望，H6-1 得证。

---

① 关于教育期望的研究，王甫勤和时怡雯（2014）、刘保中等（2017）等学者主要从家庭层面因素，如父母期望、农民工城市定居等因素进行了研究。鲜有文献从制度性因素对其进行探讨。

进一步地，通过引入政府干预变量，检验政府干预对个体教育期望的影响：

$$Probit(E_{edu} = 1) = \alpha_0 + \alpha_1 soe + \alpha_2 gov \times soe + \alpha_3 gov + \beta_1 edu + \beta_{2m} X_m + \gamma + \varepsilon$$

$$(6.19)$$

其中，gov 表示地区政府干预水平。α_2 是本模型中我们所关心的参数，若 $\alpha_2 > 0$，则表明政府干预越大，相比于民营部门，国有部门行政人员进一步接受教育的意愿越大，H6 - 2 得证。

（3）数据来源与变量选取。实证数据来源于 CFPS2014 年追访调查数据和《中国统计年鉴（2015）》《中国分省份市场化指数报告（2016）》。其中，CF-PS2014 年实际完成 37147 个成人样本，在本节所利用到的关键性调查条目"您所期望完成的教育水平"中，该调查仅针对 40 岁以下成人个体（16 ~ 39 岁），样本量为 11337 个。进一步剔除在省份、行业编码、教育水平、雇主性质等关键性问题中填写"不知道""拒绝回答"的样本。为排除外资企业对回归结果的干扰，剔除了港澳台地区等外资企业，最后保留 3588 个有效样本。

被解释变量主要为个体教育期望（E_{edu}）。由于个体教育期望与个体当前教育水平具有直接关系，如何衡量个体教育期望与当前教育水平的差距成为被解释变量量化的难题。最终采用 Probit 模型，将被解释变量划分为：个体是否期望接受高中及以下水平的教育（$E_{edu\_}gz$）、个体是否期望接受大专和本科阶段的教育（$E_{edu\_}bk$）、个体是否期望接受研究生阶段的教育（$E_{edu\_}yjs$）。[①]

微观层面的解释变量包括：第一，工作性质（soe）。$soe = 1$ 表示国有部门，进一步细分为 soe_zf 和 soe_gq 两个变量，$soe\_zf = 1$ 表示国有行政人员，$soe\_gq = 1$ 表示国有非行政人员。首先，根据调查条目"雇主性质"，将"政

---

① 在以学历和文凭为重要因素的晋升机制下，同样可以将被解释变量理解为：个体是否期望获得高中及以下学历、个体是否期望获得大专或本科学历、个体是否期望获得研究生学历。

府机关/党政机关/人民团体""事业单位""国有企业"归类为国有部门，其余为民营部门，其次，结合调查条目"QG303 职业编码"，将"雇主性质"为"政府机关/党政机关/人民团体"的样本，以及"雇主性质"为"事业单位""国有企业"样本中"QG303 职业编码"为"行政事务人员""行政业务人员""其他行政办公人员"的样本统一归类为国有行政人员，其他国有部门样本归类为国有非行政人员。第二，教育水平（*edu*）。根据个体取得的最高学历水平，将高中及以下学历归为一类（$edu\_gz = 1$），将大专和本科归为一类（$edu\_bk = 1$），将研究生归为一类（$edu\_yjs = 1$）。第三，个体收入（ln*income*）。除了每月税后工资外，包括每月现金福利（交通费补贴、餐费补贴、住房补贴、其他福利）、每月实物福利折现（早/中/晚餐、住宿、配车/班车、购物卡/购物券、其他）、每月公积金缴纳数额、平均每月税后奖金。其余均为控制变量，包括城乡归属（*urban*，城镇 = 1）、年龄（*age*）、性别（*gender*，男性 = 1）、婚姻程度（*marry*1 ~ *marry*4，分别代表在婚、同居、离婚和丧偶）。

宏观层面的解释变量包括：第一，政府干预（*gov*）。利用《中国分省份市场化指数报告（2016）》中各地区要素市场发育程度的倒数表示。第二，教育资源（*college*）。丁重和邓可斌（2018）认为，由于本科招生是分省设定，本科学历主要反映的是教育资源分布情况。可见，需要控制地区教育资源对个体教育期望的影响。利用教育部数据中的全国各省份普通高校数量除以各地区常住人口，表示该地区的教育资源密集程度。

各个回归变量的描述性统计如表 6 - 9 所示。

表 6 - 9　　　　　　　　**各变量的描述性统计**

变量	样本量	均值	方差	最大值	最小值
E_{edu_gz}	3588	0.4479	0.2474	1	0
E_{edu_bk}	3588	0.5184	0.2497	1	0
E_{edu_yjs}	3588	0.0337	0.0326	1	0
edu_gz	3588	0.7659	0.1794	1	0

变量	样本量	均值	方差	最大值	最小值
edu_bk	3588	0.2288	0.1765	1	0
edu_yjs	3588	0.0053	0.0053	1	0
soe	3588	0.2779	0.2007	1	0
soe_zf	3588	0.1463	0.1249	1	0
soe_gq	3588	0.1315	0.1143	1	0
lnincome	3588	6.3235	11.4436	10.4351	0
fin	3588	6.3983	3.6979	12.2300	3.0900
collage	3588	0.0095	0.0000	0.0306	0.0033
urban	3588	0.5262	1.0021	1	0
gender	3588	0.5401	0.2485	1	0
age	3588	28.8969	34.6239	39	16

从表6-10来看，不同工作性质样本的教育期望、实际教育程度和工资水平都呈现出显著的差异。从个体的实际教育程度和收入水平来看，国有行政人员有着最高的学历结构和收入水平。从教育期望来看，民营部门期望接受高中教育的个体较多，但期望接受大专及以上阶段教育的个体较少；而国有部门，尤其是国有行政人员更期望接受高等教育。

表6-10　　　　　　　　　　**不同工作性质样本的比较**

变量	民营部门	国有部门	国有行政人员	国有非行政人员
E_{edu_gz}	0.5361	0.2187	0.1352	0.3114
E_{edu_bk}	0.4477	0.7021	0.7619	0.6356
E_{edu_yjs}	0.0162	0.0792	0.1029	0.0530
edu_gz	0.8530	0.5396	0.4210	0.6716
edu_bk	0.1459	0.4443	0.5562	0.3199
edu_yjs	0.0012	0.0160	0.0229	0.0085

变量	民营部门	国有部门	国有行政人员	国有非行政人员
lnincome	8.7569	8.9422	9.0007	8.8771
urban	0.4890	0.6229	0.6800	0.5593
gender	0.5345	0.5547	0.4762	0.6419
age	28.4381	30.0893	30.2229	29.9407

6.3.2 基准回归结果分析

表6-11报告了基准模型的回归结果，在控制和未控制行业固定效应时，回归（1）~（3）和回归（4）~（6）在系数的正负号以及显著性方面几乎一致，表明模型的设定具有一定的稳健性。以下分析以回归（1）~（3）的结果为主。从 soe 的回归系数来看，国有部门对于高中及以下的教育期望具有显著的抑制作用，这主要是由于国有部门成员的学历水平普遍高于高中，且高中学历在国有部门中对未来职业发展等的意义较小。而对于大专及以上的教育期望具有显著的促进作用，尤其是对于研究生学历期望的促进作用更大。相对于民营部门，国有部门成员期望接受大专和本科阶段教育的概率要高出0.2688；期望接受研究生阶段教育的概率更是要高出0.4350，表明国有部门成员具有更为强烈地接受高等教育的期望，即国有部门成员往往更倾向于获得高学历。这验证了 H6-1。

表6-11　　　　　　　　　　　　**基准模型回归结果**

变量	(1)	(2)	(3)	(4)	(5)	(6)
	E_edu_gz	E_edu_bk	E_edu_yjs	E_edu_gz	E_edu_bk	E_edu_yjs
soe	-0.3968*** (-5.8270)	0.2688*** (4.2587)	0.4350*** (3.6323)	-0.5913*** (-10.1143)	0.4070*** (7.5557)	0.4556*** (4.7545)
edu_gz	1.6660*** (18.5939)	0.7329** (2.2876)	-2.5082*** (-6.9937)	1.7995*** (20.9726)	0.5858* (1.9057)	-2.7187*** (-8.3091)

续表

变量	(1) E_edu_gz	(2) E_edu_bk	(3) E_edu_yjs	(4) E_edu_gz	(5) E_edu_bk	(6) E_edu_yjs
edu_bk		1.8611 *** (5.7987)	-1.8772 *** (-5.3582)		1.8132 *** (5.8451)	-1.9885 *** (-6.1367)
截距项	-1.6634 *** (-4.3859)	-1.1314 ** (-2.4673)	0.8076 (1.1015)	-1.8109 *** (-12.0760)	-0.5638 * (-1.6985)	0.2629 (0.6102)
控制变量	控制	控制	控制	控制	控制	控制
行业固定 效应	控制	控制	控制			
观测值	3567	3588	3189	3569	3588	3579

注：（1） *** 、** 和 * 分别表示在 1%、5% 和 10% 的水平下达到统计意义上显著；（2）括号内为 t 检验值。

由于国有部门同样存在着行政人员和技术人员，包括在政府部门、机关、国有企业等工作的行政人员，以及在国有企业中的技术人员。因此，依据个体职业属性将样本划分为国有部门中的行政人员、国有部门中的非行政人员和民营部门中的工作人员，详细的划分标准在前文中已有说明，在此不再赘述。表 6 - 12 报告了相关的回归结果，在回归过程中，为了排除国有部门其他成员对回归结果的干扰，在回归（1）~（3）中剔除了国有部门中的非行政人员，而在回归（4）~（5）中则剔除了国有部门中的行政人员。

从表 6 - 12 可以看出，无论是行政人员还是非行政人员与国有部门对教育期望影响的回归结果基本一致，但在回归系数的大小上仍有细微的差别。可见国有部门中的行政人员仍有较高的意愿接受大专及以上阶段的教育，大专和本科教育期望的回归系数相较国有部门非行政人员回归（4）中要高出 0.0561，而研究生教育期望要高出 0.0126，同时国有部门行政人员对期望接受本科或研究生教育概率的影响的显著性都要更高。这表明国有部门中的行政人员接受高等教育的期望要高于国有部门的非行政人员，更要高于民营部门成员。结合上述国有部门中行政人员的学历结构本身就普遍偏高的事实，可以认为"官本位"的思想在中国劳动力市场中仍然存在。

表 6 – 12　　　　　　　　　　　**分行政人员和非行政人员的回归结果**

变量	(1)	(2)	(3)	(4)	(5)	(6)
	E_edu_gz	E_edu_bk	E_edu_yjs	E_edu_gz	E_edu_bk	E_edu_yjs
soe_zf	− 0. 4641 *** (− 3. 9408)	0. 2930 ** (3. 2529)	0. 4285 ** (2. 8017)			
soe_gq				− 0. 3685 *** (− 4. 6876)	0. 2369 *** (2. 7172)	0. 4159 *** (2. 4042)
edu_gz	1. 6892 *** (16. 8870)	0. 7781 ** (2. 1602)	− 2. 4701 *** (− 6. 0732)	1. 6945 *** (17. 0517)	0. 0012 (0. 0024)	− 2. 2964 *** (− 4. 1349)
edu_bk		1. 9418 *** (5. 3811)	− 1. 8836 *** (− 4. 7490)		1. 2792 ** (2. 5711)	− 1. 5550 *** (− 2. 8452)
截距项	− 1. 6983 *** (− 4. 2541)	− 0. 9679 * (− 1. 9250)	0. 5543 (0. 6861)	− 1. 4844 *** (− 3. 6358)	− 0. 4878 (− 0. 8013)	0. 1743 (0. 2214)
控制变量	控制	控制	控制	控制	控制	控制
行业固定效应	控制	控制	控制	控制	控制	控制
观测值	3100	3115	2686	3054	3063	2467

注：(1) *** 、 ** 和 * 分别表示在 1% 、5% 和 10% 的水平下达到统计意义上显著；(2) 括号内为 t 检验值。

本节尝试回答"政府干预过大是导致'官本位'思想在劳动力市场中普遍存在的原因吗"这一问题。鉴于中国改革开放和东部地区率先发展战略实施以来，相对于中西部地区，东部地区具有较高的市场化程度以及更贴近以市场为主导的资源配置方式，而中西部地区市场化改革相对滞后，政府干预程度更高，本节进一步区分东中西部地区进行回归分析，观察国有部门成员教育期望在东中西部地区之间的差异。

表 6 – 13 报告了相关的回归结果，由于高中及以上学历属于中国基础教育阶层，且对国有部门成员的职业发展不具有直接意义，因此，我们仅讨论大专及以上的教育期望。可见相比于东部地区的回归结果，中部地区国有部门的回归结果在回归系数和显著性方面都要大于东部地区，尤其是个体存在获得研究生教育期望的概率，中部地区 soe 的回归系数达到了 1. 0530，表明相

较于非国有部门成员，国有部门成员期望获得研究生学历的概率要高出1.0530。这初步验证了政府干预较强的地区，劳动力市场中的"官本位"思想更为严重。对于西部地区来说，*soe* 的系数为正，但未达到统计意义上显著，本节认为这可能是由于西部地区的教育资源本身与东部地区存在着较大差距的原因，在稀缺性资源竞争下，西部的国有部门成员获取高学历可能要耗费更高的成本。

表 6 - 13 　　　　　　　　　　东中西部样本的回归结果

变量	(1)	(2)	(3)	(4)	(5)	(6)
	东部	中部	西部	东部	中部	西部
	E_edu_bk	E_edu_bk	E_edu_bk	E_edu_yjs	E_edu_yjs	E_edu_yjs
soe	0.2646 *** (2.9159)	0.3430 *** (3.8093)	0.1946 (1.3778)	0.3371 ** (1.9905)	1.0530 *** (3.7172)	0.2791 (1.0043)
edu_gz	1.0017 ** (2.3159)	0.7500 (0.8305)	0.1985 (0.2825)	-3.0199 *** (-6.0887)	-0.4656 * (-1.7530)	-1.8719 ** (-2.1937)
edu_bk	2.2112 *** (5.0946)	1.8706 ** (2.0687)	1.2287 * (1.7419)	-2.2853 *** (-4.6952)		-1.3847 * (-1.6519)
截距项	-0.9454 (-1.4157)	-0.9936 (-0.9944)	-1.3221 (-1.2920)	1.4950 ** (2.0298)	-3.3625 *** (-3.8068)	-0.1359 (-0.0939)
控制变量	控制	控制	控制	控制	控制	控制
行业固定效应	控制	控制	控制	控制	控制	控制
观测值	1829	1083	673	1675	861	446

注：(1) ***、** 和 * 分别表示在 1%、5% 和 10% 的水平下达到统计意义上显著；(2) 括号内为 *t* 检验值。

进一步通过构建政府干预与国有部门内行政人员和非行政人员的交互项，对于政府干预影响个体的教育期望作进一步检验。表 6 - 14 报告了相关的回归结果。从回归 (1)~(3) 的结果来看，相对于民营部门来说，国有部门行政人员期望接受大专和本科教育的概率高出 0.7168 + 0.0814 × *gov*，表明政府干预显著拉大了民营部门成员和国有部门行政人员对接受大专和本科教育的

期望程度；对于研究生阶段教育的期望，政府干预的影响更大，其每提高 1
单位，民营部门成员和国有部门行政人员期望接受研究生教育概率的差距将
扩大 0.0898。对于民营部门和国有部门非行政人员期望接受更高水平教育概
率的差距，同样受到地区政府干预水平的显著影响，但影响效益相对于国有
部门行政人员较小。一方面，在政府干预程度较高的地区，政府对经济活动
较高程度的干预使得劳动力市场"官本位"思想较为严重，因而，劳动力往
往期望通过正规教育进入政府机关等部门，成为行政人员，并进一步接受教
育提高学历获取职位晋升。另一方面，由于要素市场发育较为滞后，中小企
业普遍面临着要素紧缺的问题，特别是融资难、贵问题使得中小企业倾向于
通过压低劳动力工资水平而尽可能快地完成初始资本积累。因而，中小民营
企业内部的人力资本或教育收益率往往处于较低水平，内部成员继续接受教
育的欲望和动机也较低。前者表现为国有部门行政人员期望进一步接受教育
的概率更大；后者表现为国有部门非行政人员期望进一步接受教育的概率更
大。通过回归结果来看，两种机制均存在，且第一种机制更为明显。这验证
了 H6 - 2。

表 6 - 14　　　　　　　　　政府干预对个体教育期望影响的检验结果

变量	(1)	(2)	(3)	(4)	(5)	(6)
	E_edu_gz	E_edu_bk	E_edu_yjs	E_edu_gz	E_edu_bk	E_edu_yjs
soe_zf	-1.0416 *** (-3.5736)	0.7168 *** (3.1299)	0.7530 ** (2.3890)			
soe_zf × gov	-0.0426 (-1.2444)	0.0814 *** (2.6860)	0.0898 * (1.8655)			
soe_gq				-0.6033 ** (-2.5655)	0.6035 *** (3.7593)	0.5126 ** (2.3931)
soe_gq × gov				-0.0484 (1.0769)	0.0477 * (1.8804)	0.0438 * (1.9462)
截距项	-1.4431 *** (-8.3647)	-0.8926 *** (-2.5909)	-0.0123 (-0.0261)	-1.6125 *** (-9.3818)	-0.6977 ** (-2.0146)	0.6101 (1.3207)

变量	(1)	(2)	(3)	(4)	(5)	(6)
	E_edu_gz	E_edu_bk	E_edu_yjs	E_edu_gz	E_edu_bk	E_edu_yjs
控制变量	控制	控制	控制	控制	控制	控制
行业固定效应	控制	控制	控制	控制	控制	控制
观测值	3569	3588	3579	3144	3163	3154

注：（1）***、**和*分别表示在1%、5%和10%的水平下达到统计意义上显著；（2）括号内为t检验值；（3）gov、collage、edu_gz、edu_bk的回归结果省略报告。

上述研究中仍然存在一个不足是，在政府干预环境下，中小企业个体理应同样具有继续接受教育进而进入国有部门的动机，但上述回归中均未能考虑到这一点。由于工作变动，尤其是在民营部门和国有部门之间这种大幅度的变动，主要与个体年龄有关，个体年龄越大，其职业发展变动的可能性越小。鉴于此，分别利用35岁及以上个体样本对金融抑制对个体教育期望的影响效应进一步检验，作为一个稳健性检验。

比较表6-14和表6-15的回归结果，可见在回归（2）和回归（3）、回归（5）和回归（6）中，soe_zf×gov和soe_gq×gov的回归结果几乎一致，在表6-15的回归（6）中，soe_gq×gov得到的回归结果未达到统计意义上显著，可能是由于样本量过少使得估计出现了偏误，但整体上仍可以说明本节的结论是较为稳健的。

表6-15　　　　　　　　基于35岁及以上样本的稳健性检验

变量	(1)	(2)	(3)	(4)	(5)	(6)
	E_edu_gz	E_edu_bk	E_edu_yjs	E_edu_gz	E_edu_bk	E_edu_yjs
soe_zf	-0.7103 (-1.4855)	0.9647 ** (2.1288)	-2.6559 * (-1.8502)			
soe_zf×gov	0.0829 (1.2038)	-0.1301 ** (-2.0069)	-0.4414 ** (-2.0788)			
soe_gq				-0.6794 (-1.1969)	0.4324 * (1.8418)	1.6774 * (1.6874)

续表

变量	(1)	(2)	(3)	(4)	(5)	(6)
	E_edu_gz	E_edu_bk	E_edu_yjs	E_edu_gz	E_edu_bk	E_edu_yjs
soe_gq × gov				0.0532 （0.6429）	− 0.0477 * （− 1.9495）	− 0.1130 （− 0.8004）
截距项	− 4.7003 （− 0.0286）	− 0.4244 （− 0.4437）	0.2034 （0.1734）	− 4.6661 （− 0.0293）	− 0.8895 （− 0.9004）	3.1148 * （1.8758）
控制变量	控制	控制	控制	控制	控制	控制
行业固定效应	控制	控制	控制	控制	控制	控制
观测值	776	776	383	666	666	273

注：（1）***、** 和 * 分别表示在 1%、5% 和 10% 的水平下达到统计意义上显著；（2）括号内为 t 检验值；（3）gov、collage、edu_gz、edu_bk 的回归结果省略报告。

6.3.3 政府干预对个体教育期望影响的机制检验

无论是国有部门和非国有部门之间，还是行政人员和非行政人员之间继续接受教育期望的差距，均是来源于不同部门和岗位之间教育回报率的差距。由于国有部门较为僵化的学历奖励薪酬机制，尤其是国有部门行政人员可以通过学历获取晋升机会，进而获取更大的权力和收入，因此，国有部门行政人员通常具有更强的继续接受教育的动力。政府干预对个体教育期望的影响机制同样可以从这一方面进行理解。由于政府对资源配置的干预程度较高，导致中小企业的教育收益率较低，与国有部门，尤其是国有部门行政性岗位的差距较大，因而在政府干预程度较高的地区，民营部门和国有部门之间教育期望的差距更大。

表 6 - 16 报告了政府干预对民营部门和国有部门教育收益率差距影响的检验结果。可见政府干预本身对于各个教育阶层的收入都具有抑制作用，且对于大专和本科劳动力收入的抑制作用大于高中及以下劳动力，但均未达到统计意义上显著。另外，年龄对于个人收入水平的影响也没有表现出倒"U"型关系，这主要是本节采用样本的年龄区间仅为 16 ~ 40 岁，年龄及其平方项的估计结果可能存在一定的偏误。本节所关注的国有部门行政人员和非行政

人员与政府干预的交互项均为正，且达到统计意义上显著，政府干预每提高 1 单位，民营部门和国有部门行政岗位在大专和本科教育层次的劳动力的收入水平将进一步扩大 0.4052，而对于民营部门和国有部门非行政岗位的这种收入差距将扩大 0.3009，表明了政府干预越大的地区，国有部门尤其是国有部门的行政人员与非国有部门，在高教育层次劳动力上的收入差距越大。

表 6 – 16   政府干预对民营部门和国有部门教育收益率差距的影响检验[a]

变量	(1)	(2)	(3)	(4)
	高中及以下	大专和本科	高中及以下	大专和本科
$soe\_zf \times gov$	0.0884 (0.7075)	0.4052 *** (2.9855)		
soe_zf	– 0.8305 (– 1.0148)	2.3436 ** (2.3253)		
$soe\_gq \times gov$			0.0812 (0.8381)	0.3009 ** (2.4002)
soe_gq			– 0.7005 (– 1.0617)	1.9458 ** (1.9720)
截距项	5.5529 *** (3.3940)	5.2809 (0.7738)	5.2158 *** (3.3367)	– 0.6317 (– 0.1001)
行业固定效应	控制	控制	控制	控制
观测值	2748	821	2431	670

注：a 研究生及以上学历且个人收入存在有效值的样本极少，导致迭代无法收敛。
（1） *** 、 ** 分别表示在 1% 和 5% 的水平下达到统计意义上显著；（2）括号内为 t 检验值；（3）gov、$gender$、$urban$、age、$age2$ 的回归结果省略报告。

表 6 – 17 报告了个人收入与教育期望之间的关系检验结果。从回归（1）~（3）中可以看出，收入水平的确是个人教育期望提高的主要动力之一，且对较高教育期望个体的影响较大，表明随着收入水平的提高，个体教育期望也在不断地提高。可以认为，当前收入水平反映了所在部门的教育收益率，教育收益率较高部门的成员自然具有较高的教育期望。从回归（4）~（5）中可以观测出民营部门、国有部门和国有部门中行政岗位的教育收益率差异，其中，

国有部门的大专和本科教育收入水平要比民营部门高出约 0.1626，研究生收入水平要比民营部门高出约 0.2963，但未达到统计意义上显著，这仍然是由于具有有效收入水平的研究生样本所导致的。但可以看出的是，国有部门不仅在大专以上教育阶层拥有着更高的收入水平，而且拥有着更高的教育收益率。国有部门行政人员和非行政人员的回归结果基本一致，但行政人员的收入水平和大专及以上教育收益率更高。

表 6 – 17 个人收入与教育期望之间的关系检验

变量	(1)	(2)	(3)	(4)	(5)	(6)
	E_edu_gz	E_edu_bk	E_edu_yjs	lnincome	lnincome	lnincome
lnincome	− 0.0275 *** （− 3.7281）	0.0175 ** (2.5176)	0.0342 * (1.9525)			
soe				0.0030 (0.0641)		
soe_bk				0.1626 ** (2.1251)		
soe_yjs				0.2963 (0.1678)		
soe_zf					− 0.0032 （− 0.0428）	
soe_zf_bk					0.1900 *** (3.4249)	
soe_zf_yjs					1.0297 (1.6354)	
soe_gq						0.0065 (0.1175)
soe_gq_bk						0.0910 * (1.9376)
soe_gq_yjs						0.6392 (1.3158)

续表

变量	(1)	(2)	(3)	(4)	(5)	(6)
	E_edu_gz	E_edu_bk	E_edu_yjs	lnincome	lnincome	lnincome
截距项	0.2028 (0.5422)	−0.5259 (−1.5564)	−1.9309 *** (−3.0318)	9.3258 *** (42.9317)	9.2917 *** (42.7199)	9.2944 *** (42.7911)
行业固定效应	控制	控制	控制	控制	控制	控制
观测值	3567	3588	3189	3153	3166	2699

注：（1）***、**和*分别表示在1%、5%和10%的水平下达到统计意义上显著；（2）括号内为 t 检验值；（3）edu_bk、edu_yjs 的回归结果省略报告。

综上所述，得出三点结论：（1）国有行政岗位相比于民营部门拥有更高的收入水平和高等教育收益率；（2）政府干预越大的地区，国有行政部门和民营部门的收入差距更大；（3）教育收益率是激励劳动力进一步接受教育的主要动力之一。因此，政府干预主要是通过扩大国有行政部门和民营部门之间的高等教育收益率，从而导致了国有行政部门和民营部门之间劳动力的教育期望差距。

因此，本章旨在探讨经济运行高度的政府干预特性是否会吸引人力资本进入政府机关等国有部门进行寻租，从而在这些部门形成人力资本冗余。首先利用2010～2014年CFPS与同一时段的行业中观数据，在全生命周期教育收益率和人力资本错配测算框架下，基于分层贝叶斯模型对中国各行业的人力资本错配程度进行了测算，发现事业单位和公共服务部门的人力资本冗余程度相对较高。公共管理和社会组织，教育，电力、燃气及水的生产和供应业，科学研究、技术服务和地质勘查业，水利、环境和公共设施管理业的人力资本错配程度排名中国19个行业的前6位。由于事业单位和公共服务部门具有良好的社会保障，使得大量大学生尤其是希望通过公务员考试的方式求得一职，公务员考试在筛选出人力资本更好的人才时也提高了行业人力资本冗余程度。

进一步基于教育期望的视角探讨了政府干预对个人教育目的的影响。利用2014年CFPS的实证结果表明：（1）国有部门中的行政人员有较高的意愿接受大专及以上阶段的教育；（2）政府干预显著拉大了民营部门成员和国有部门行政人员对接受大专和本科教育的期望程度，并且对于研究生阶段教育期望的差距影响更大。上述研究结果表明，政府干预程度越高，个人教育目的越倾向于跨越国有部门就业门槛进而进行寻租性活动；（3）机制检验表明政府干预主要通过提升可获得的租金水平，从而提高了行政人员的教育期望。

第7章 以供给侧结构性改革为抓手，优化人力资本配置效率

自1999年高校扩招以来，虽然中国劳动力平均受教育年限得到了迅速扩张，TFP却长期处于较低水平波动。2015年，中国TFP对GDP增长的贡献仅为−34.6%（Wei et al.，2017）。中国人力资本可能存在着严重的错配，为此，本书基于所有制视角指出，中国当前在国有企业和非国有企业间、不同行业间、就业和创业的职业选择间、政府和企业间都存在着不同程度的错配，根本性原因在于高度政府干预特性下国有部门和非国有部门间不平等的市场竞争地位。鉴于此，本书指出若要在缓解人力资本错配上有所作为，就需要坚定不移地推进社会主义市场经济改革。

7.1 深化混合所有制改革，提升国有企业经营绩效

根据本书结论，人力资本在所有制间之所以会形成错配的一个重要原因是国有企业内部治理机制存在天然缺陷，产生效率损失等一系列问题。因此，破除人力资本错配的第一个着力点便是推进国有企业混合所有制改革。

党的十八届三中全会提出"积极发展混合所有制经济""鼓励发展非公有资本控股的混合所有制企业"等内容，明确了混合所有制改革在中国国有企业体制改革中的重要地位，混合所有制改革成效将在一定程度上决定国有企业能否做大、做强和做优。推进混合所有制改革的意义在于国有资本和非国有资本的优势互补。国有资本在规模上具备优势，但体制较为僵化，企业创

新动力不足；而非国有资本虽然规模较小，但较为灵活，在国有企业中引入非国有资本有助于提升企业创新能力和创新动力，从而搭建人力资本发挥外溢性的渠道。国有资本和非国有资本在话语权和决策权上的均衡关系是能否发挥不同产权优势的基础，对此，本书提出以下两点建议：

（1）引入非国有大股东，制衡国有"超级股东"权力。民营资本在混合所有制企业中缺乏话语权，一个重要的原因是民营股权较为分散，单个股东持股比例较小。中国联通作为近年来混合所有制改革较为成功的案例之一，其在 2002 年上市后就已经具备了混合所有制企业的身份，但实际上是一股独大和一众散户的股权结构，非国有股东在企业中几乎没有任何话语权干预企业经营决策。在 2016 年被列为第一批混合所有制改革试点企业后，中国联通股权结构逐步优化，截至 2018 年 9 月 30 日，第二大股东中国人寿的持股比例已经达到 10.30%，对中国联通建立市场化管理体制起到了至关重要的作用。国有垄断企业通常规模较大，在政府庇护下"超级股东"享有的行政特权以及国有管理体制难以动摇，引入非国有大股东以监督和激励国有企业高管行为、完善经营机制十分必要。

（2）注重治理结构的完善，而非完全"去行政化"。通常认为，国有企业"超级股东"的形成源于官商双重身份，因而"去行政化"成为消除"超级股东"，增加非国有资本话语权的良好选择。但事实上，中国国有垄断企业大部分分布在不具有经济比较优势的产业内，这类企业在市场竞争中往往不具备自生能力，需在政府保护和隐性补贴下维持生存。目前大部分非国有资本进入行政垄断行业，是为了短期内可获取的超额利润，若完全取消国有企业和高管的行政级别，等于堵住了国有企业和政府的交流通道，在失去了政府庇护后，非国有资本是否还愿意进入行政垄断行业是一个巨大的疑问。因而，目前在行政垄断行业内推进混合所有制改革更应注重完善公司治理机制，赋予非国有资本委派代表参与董事会决策的权利，切实保障非国有资本的权益，实现高管人员配置多样化，充分发挥各类股权的治理作用。

7.2 逐步放开行业准入限制，提高市场竞争程度

人力资本在所有制间发生错配的另一个重要原因是国有企业大多处于上游垄断行业，容易通过中间品垄断定价获取超额利润，不仅抑制了其创新动力，而且挤压了下游创新主体的利润水平和人力资本吸引力。因此，未来还要注重构建公平的市场竞争环境。

（1）以分层分类改革为原则，逐步放开市场准入限制。以分层分类改革为原则，有序放开行业准入限制。对于涉及国防安全以及关乎国家经济命脉的行业，应以国有企业为主导。对于部分医疗、基础教育等具有公共品属性的行业，应进一步深化产权混改，提升国有企业经营绩效。在竞争性领域，以市场准入负面清单为抓手，坚决破除隐性行业壁垒。近年来，国家出台了一系列政策来清除不合理的进入壁垒，这些政策固然是很好的，但到了落地环节，往往陷入"弹簧门""空转门"等，对加强市场竞争程度产生了负面影响。因此，很有必要建立市场准入负面清单制度，通过法律法规措施来保障政策的落地和实施。

第一，坚持全国"一张单"，建立政策实施的监督和反馈通道。准入负面清单的构建要遵循全国"一张单"的原则，从而避免地方利益偏袒问题。对于清单以外的行业，利用法律法规的强制性来破除一切形式的壁垒，包括与企业性质相关的门槛标准、优惠补贴等，保证市场的充分公平竞争。为保障清单政策在地方的有效实施，还需建立中央和公众的双层监督机制。中央可以采用"双随机、一公开"的监管措施，对政策执行的具体部门进行随机抽查。对于民众监督机制来说，清单的制定、执行应向社会进行全方位的公开，接受公众的评价和监督。建立面向各类市场主体关于有违公平竞争行为的投诉举报通道，向社会公开处理结果。

第二，规划清单调整的路线图和时间表，防止改革"拖延"问题。市场准入负面清单的制定还要注重动态性，随着经济整体发展水平的提高和外部

环境的变化，清单应该不断进行缩减，不断扩大放开的程度和范围，以适应社会和经济发展的需求。但是，就改革的特征而言，随着改革的深入，所遇到的阻力也必将越来越大。此时，如果没有强有力的保障措施，改革往往会陷入到拖延甚至停滞当中。鉴于此，应根据国家发展战略需求对部分行业设置明确的清单缩减时间，通过路线图和时间表的形式来保障改革的稳步深入。对于一些发展预期不确定性大的行业，根据市场规模、企业利润水平、行业集中度等指标构建清单缩减触发标准，一旦达到要求，严格更新清单。

第三，出台明晰的反垄断法律法规，加大反垄断监管和执法力度。对于市场准入清单以外的行业，要对蓄意破坏市场竞争的垄断行为给予严肃的处罚和清理。构建一套覆盖事前、事中、事后全环节的竞争政策实施机制。在完善公平竞争审查细则的基础上，利用现代化信息技术对垄断行为进行精准识别，加大执法力度。建立投诉举报和处理回应机制，防止资本无序扩张。同时，加强对企业的反垄断行政指导机制，针对不同产业不同商业模式的公司量体裁衣，提供建设性的建议，让企业充分了解法律的红线。

（2）逐步拆分部分大型国有垄断企业，加强国企与国企之间的市场竞争。在一些尚未形成良好放开方案的行业，利用国企与国企之间的竞争，对于发挥改革效能同样重要。借鉴我国电信行业在 21 世纪初期的拆分成功案例：

第一，构建企业拆分实施标准细则。企业拆分往往会引起较大的市场结构调整和波动，具有极强的专业性。应在法院反垄断部门下成立企业拆分评定小组，专门对企业拆分的必要性、可行性进行事前评估；构建一套覆盖事前、事中、事后全环节的竞争政策实施机制，在完善公平竞争审查细则的基础上，利用现代化信息技术对垄断行为进行精准识别，严格区别自然垄断和其他形式的垄断；相比于一般的反垄断纠正机制，企业拆分的实施应该更加精确和严格。在实施标准上，详细考虑企业对排除和限制竞争行为的采用、严重程度以及对公共利益的危害程度等。

第二，制定企业拆分实施的流程图。在西方发达国家，企业拆分一般由企业经营者自主提出实施方案，法院进行批准和监督。建议在企业经营者提出实施方案后，由企业拆分评定小组联合行业、高校等领域的资深专家，对企业拆分的利益分配、业务交叉竞争程度等进行评估后出具可行性报告，由法院批准后实施。在实施过程中，建立企业经营者与评定小组的信息交换机制，根据实际情况作出及时调整，必要时由法院指定第三方专业部门接手。

（3）建立垄断利润税"反哺"机制，缓解民营企业的综合赋税。还应该通过垄断利润税等产业政策来优化不同所有制间的利润配置：

第一，构建上游垄断利润—下游补贴的"反哺"机制。由于上游垄断利润主要是通过挤压下游利润来实现，一个最为直接的方式就是进行上游对下游的"交叉补贴"。通过对下游进行补贴有利于企业进入，增加下游市场竞争和消费者福利。在垄断利润税的设计方面，可以通过对比国有垄断企业和民营企业平均利润水平，估算出垄断利润税的税基；采用累进税率方式征收，并根据整体税基和补贴企业的产出规模来设计税率和补贴率。

第二，构建上游垄断利润—消费补贴的"反哺"机制。国有企业获得的超额垄断利润本应是归全体人民所有，但现在却被少数人瓜分，因而，另一个方式是用垄断利润税来补贴消费者。这种补贴的方式更具有灵活性，可以将税收用于扩大社会养老金、医疗保险金等。这样不仅有助于增加消费率，而且通过扩大最终产品需求，提高下游民营企业利润水平，从而推动经济可持续增长。

7.3 改善民营企业生存环境，减少过度的政府干预

政府对市场过度的干预容易引入人力资本的寻租意愿，因此，应不断深化社会主义市场化改革，发挥市场在资源配置中的决定性作用。

（1）构建新型政商关系。厘清政府和市场的关系，离不开一个良好的政商关系。2016年3月，习近平总书记在全国政协民建、工商联界委员联组会上发表重要讲话，将新型政商关系定位于"亲"和"清"两个字。所谓"亲"，就是要求政府官员积极为企业解决困难，而企业家也应该主动同各级

政府或相关部门进行沟通和交流。所谓"清"，就是要求企业合法经营，官员不以权谋私。说到底，要求双方在守住底线、把好分寸的前提下，真心实意地打交道、交朋友。地方官员要做到在竞争性环节无为而为，在市场失灵环节积极作为，在事前、事中、事后，"管"好市场秩序，从而为企业创造一个良好的市场环境。只有在良好的市场环境下，企业家才能将更多的精力投入到生产性活动中，而非讨好官员，消耗大量资源并且破坏了市场秩序。

（2）深化"放管服"改革。深入贯彻、落实国务院于 2019 年 10 月 22 日颁布的《优化营商环境条例》。持续降低制度性交易成本，精简行政审批事项，减少办理流程，各部门之间信息共享程度需要进一步加深，减少平台转换，增加民营企业办事成本，扎实运用新兴技术提升相关部门行政效率，让广大企业"只跑一次"；加快数字政府建设，完善数据整合与共享新体系。大力发展电子政务，完善电子政务相关法律法规和统筹协调机制，完善公共数据开放制度，助力数字增值开发和再使用，提升电子政务对民营经济的服务水平；定期组织干部之间的交换学习、参观活动，开展工作经验交流、座谈会、研讨会，互通有关情况，商讨融合发展工作的对策措施。

（3）加强产权保护。产权保护是稳定民间投资预期、鼓励民间投资落地的先决条件，《中共中央　国务院关于新时代加快完善社会主义市场济体制的意见》中明确强调，要健全归属清晰、权责明确、保护严格、流转顺畅的现代产权制度，加强产权激励。明晰产权界定是市场化交易的前提。只有在产权界定清晰的前提下，对权利归属作出明确的界定和制度安排，经济活动和财产权利才能紧密结合起来，市场价格机制才能够充分发挥作用。无论具体产权的形式是什么，均是不可侵犯的。未来中国应进一步完善和细化知识产权创造、运用、交易、保护制度规则，加快建立产权侵犯的惩罚制度，加强企业商业秘密保护。

参 考 文 献

［1］白俊，连立帅．信贷资金配置差异：所有制歧视抑或禀赋差异？
［J］．管理世界，2012（6）：30 – 42.

［2］白重恩，杜颖娟，陶志刚，等．地方保护主义及产业地区集中度的
决定因素和变动趋势［J］．经济研究，2004（4）：29 – 40.

［3］柏培文．中国劳动要素配置扭曲程度的测量［J］．中国工业经济，
2012（10）：19 – 31.

［4］蔡雯霞，邱悦爽．利率市场化下企业全要素生产率研究——基于信
贷资源配置的视角［J］．江苏社会科学，2018（4）：67 – 76.

［5］曹亚军，毛其淋．人力资本如何影响了中国制造业企业成本加成
率？——来自中国"大学扩招"的证据［J］．财经研究，2019，45（12）：
138 – 150.

［6］陈林，罗莉娅，康妮．行政垄断与要素价格扭曲——基于中国工业全
行业数据与内生性视角的实证检验［J］．中国工业经济，2016（1）：52 – 66.

［7］陈林．自然垄断与混合所有制改革——基于自然实验与成本函数的
分析［J］．经济研究，2018，53（1）：81 – 96.

［8］陈言，李欣泽．行业人力资本、资源错配与产出损失［J］．山东大
学学报（哲学社会科学版），2018（4）：146 – 155.

［9］陈彦斌，陈小亮，陈伟泽．利率管制与总需求结构失衡［J］．经济
研究，2014，49（2）：18 – 31.

［10］褚敏，靳涛．政府悖论、国有企业垄断与收入差距——基于中国转

型特征的一个实证检验 [J]. 中国工业经济, 2013 (2): 18 - 30.

[11] 戴小勇. 资源错配视角下全要素生产率损失的形成机理与测算 [J]. 当代经济科学, 2018, 40 (5): 103 - 116, 128.

[12] 丁启军. 行政垄断行业高利润来源研究——高效率还是垄断定价? [J]. 产业经济研究, 2010 (5): 36 - 43.

[13] 丁重, 邓可斌. 高学历追逐会推动技术创新吗? [J]. 财经研究, 2018, 439 (6): 19 - 31.

[14] 方超, 黄斌. 教育投入对中国经济增长的影响——基于增长回归框架的空间计量研究 [J]. 大连理工大学学报 (社会科学版), 2018, 39 (6): 91 - 99.

[15] 方军雄. 高管权力与企业薪酬变动的非对称性 [J]. 经济研究, 2011 (4): 107 - 120.

[16] 方军雄. 我国上市公司高管的薪酬存在粘性吗? [J]. 经济研究, 2009 (3): 110 - 124.

[17] 方森辉, 毛其淋. 高校扩招、人力资本与企业出口质量 [J]. 中国工业经济, 2021 (11): 97 - 115.

[18] 盖庆恩, 朱喜, 程名望, 史清华. 要素市场扭曲、垄断势力与全要素生产率 [J]. 经济研究, 2015, 50 (5): 61 - 75.

[19] 葛晶, 张龙, 王满仓. 市场潜能、个人特征与地区工资差距——基于2012 中国家庭追踪调查数据 (CFPS) 的研究 [J]. 世界经济文汇, 2016 (4): 80 - 101.

[20] 龚关, 胡关亮. 中国制造业资源配置效率与全要素生产率 [J]. 经济研究, 2013, 48 (4): 4 - 15, 29.

[21] 龚强, 张一林, 林毅夫. 产业结构、风险特性与最优金融结构 [J]. 经济研究, 2014, 49 (4): 4 - 16.

[22] 韩剑, 郑秋玲. 政府干预如何导致地区资源错配——基于行业内和行业间错配的分解 [J]. 中国工业经济, 2014 (11): 69 - 81.

［23］侯晓辉，李婉丽，王青．所有权、市场势力与中国商业银行的全要素生产率［J］．世界经济，2011（2）：135－157.

［24］黄仁宇．关于"资本主义"一词的使用［J］．读书，1997（6）：17.

［25］纪雯雯，赖德胜．人力资本、配置效率及全要素生产率变化［J］．经济与管理研究，2015，36（6）：45－55.

［26］纪雯雯，赖德胜．人力资本配置与中国创新绩效［J］．经济学动态，2018（11）：19－31.

［27］江求川．教育错配对工资的影响：来自CFPS的新证据［J］．当代经济科学，2019，41（3）：118－128.

［28］姜琪，李占一．中国银行业高利润的来源：市场势力还是高效率［J］．财经科学，2012（8）：1－9.

［29］蒋含明，石明．要素市场扭曲对制造业出口能源消耗的影响研究［J］．华东经济管理，2019，33（1）：93－99.

［30］解晋．中国分省人力资本错配研究［J］．中国人口科学，2019（6）：84－96，128.

［31］靳来群，林金忠，丁诗诗．行政垄断对所有制差异所致资源错配的影响［J］．中国工业经济，2015（4）：31－43.

［32］李宏彬，李杏，姚先国，张海峰，张俊森．企业家的创业与创新精神对中国经济增长的影响［J］．经济研究，2009，44（10）：99－108.

［33］李静，楠玉，刘霞辉．中国经济稳增长难题：人力资本错配及其解决途径［J］．经济研究，2017，52（3）：18－31.

［34］李静，楠玉．人力资本错配下的决策：优先创新驱动还是优先产业升级？［J］．经济研究，2019，54（8）：152－166.

［35］李静，楠玉．中国就业供需错配——基于高校专业设置与市场岗位需求的测算［J］．统计与信息论坛，2018，33（11）：45－50.

［36］李静．人力资本错配：产业比较优势演进受阻及其解释［J］．统计与信息论坛，2017，32（10）：95－101.

[37] 李楠,乔榛.国有企业改制政策效果的实证分析——基于双重差分模型的估计 [J]. 数量经济技术经济研究,2010,27(2):3-21.

[38] 李世刚,尹恒.寻租导致的人才误配置的社会成本有多大?[J]. 经济研究,2014,49(7):56-66.

[39] 李世刚,尹恒.政府-企业间人才配置与经济增长——基于中国地级市数据的经验研究 [J]. 经济研究,2017,52(4):78-91.

[40] 李涛,朱俊兵,伏霖.聪明人更愿意创业吗?——来自中国的经验发现 [J]. 经济研究,2017,52(3):91-105.

[41] 李欣泽,樊仲琛,周灵灵.人力资本配置与经济创新发展——基于竞争性和垄断性两部门考察 [J]. 制度经济学研究,2022(1):139-169.

[42] 李焰,秦义虎,黄继承.在职消费、员工工资与企业绩效 [J]. 财贸经济,2010(7):60-68.

[43] 李勇,段诗宁.高校扩招如何影响了人力资本配置?[J]. 南京财经大学学报,2021(4):54-63.

[44] 李勇,郭丽丽.国有企业的就业拖累效应及其门槛特征 [J]. 财经研究,2015,41(2):135-144.

[45] 李勇,焦晶,马芬芬.行业垄断、资本错配与过度教育 [J]. 经济学动态,2021(6):113-127.

[46] 梁润.中国城乡教育收益率差异与收入差距 [J]. 当代经济科学,2011,33(6):64-71,124.

[47] 林晨,陈荣杰,徐向宇.渐进式市场化改革、产业政策与经济增长——基于产业链的视角 [J]. 中国工业经济,2023(4):42-59.

[48] 林毅夫,李志赟.政策性负担、道德风险与预算软约束 [J]. 经济研究,2004(2):17-27.

[49] 林毅夫,孙希芳,姜烨.经济发展中的最优金融结构理论初探 [J]. 经济研究,2009(8):45-49.

[50] 刘保中,张月云,李建新.家庭社会经济地位与青少年教育期望:父

母参与的中介作用 [J]. 北京大学教育评论, 2015, 13 (3): 158 –176, 192.

[51] 刘贯春, 司登奎, 刘芳. 人力资本偏向金融部门如何影响实体经济增长? [J]. 金融研究, 2021 (10): 78 –97.

[52] 刘建勇, 王晶晶. 政治关联与民营企业产能过剩: 信贷资源获取能力的中介作用 [J]. 经济经纬, 2018, 35 (4): 101 –106.

[53] 刘俊威. 官本位意识对我国科技创新的危害与对策 [J]. 郑州航空工业管理学院学报 (社会科学版), 2005, 24 (1): 11 –13.

[54] 刘鹏程, 李磊, 王小洁. 企业家精神的性别差异——基于创业动机视角的研究 [J]. 管理世界, 2013 (8): 126 –135.

[55] 刘瑞明, 石磊. 上游垄断、非对称竞争与社会福利——兼论大中型国有企业利润的性质 [J]. 经济研究, 2011 (12): 86 –96.

[56] 刘瑞明. 中国的国有企业效率: 一个文献综述 [J]. 世界经济, 2013, 36 (11): 136 –160.

[57] 刘小玄, 周晓艳. 金融资源与实体经济之间配置关系的检验——兼论经济结构失衡的原因 [J]. 金融研究, 2011 (2): 57 –70.

[58] 刘小玄. 国有企业民营化的均衡模型 [J]. 经济研究, 2003 (9): 21 –31, 92.

[59] 刘志阳, 李斌, 陈和午. 企业家精神视角下的社会创业研究 [J]. 管理世界, 2018, 34 (11): 171 –173.

[60] 卢现祥, 李晓敏. 创新还是寻租:"公务员热"与大学生人才配置的制度分析 [J]. 湖北经济学院学报, 2010, 8 (4): 31 –36.

[61] 卢现祥, 梁玉. 寻租、人力资本投资与"公务员热"诱因 [J]. 改革, 2009 (11): 149 –154.

[62] 罗宏, 温晓, 刘宝华. 政绩诉求与地方政府财政补贴行为研究 [J]. 中国经济问题, 2016 (2): 16 –28.

[63] 马颖, 何清, 李静. 行业间人力资本错配及其对产出的影响 [J]. 中国工业经济, 2018 (11): 5 –23.

［64］毛其淋. 人力资本推动中国加工贸易升级了吗？［J］. 经济研究，2019（1）：52 - 67.

［65］聂海峰，岳希明. 行业垄断对收入不平等影响程度的估计［J］. 中国工业经济，2016（2）：5 - 20.

［66］彭克强，刘锡良. 农民增收、正规信贷可得性与非农创业［J］. 管理世界，2016（7）：88 - 97.

［67］钱学锋，张洁，毛海涛. 垂直结构、资源误置与产业政策［J］. 经济研究，2019，54（2）：54 - 67.

［68］人力资本结构研究课题组. 人力资本与物质资本的匹配及其效率影响［J］. 统计研究，2012，29（4）：32 - 38.

［69］邵汉华，杨俊，廖尝君. 中国银行业的竞争度与效率——基于102家商业银行的实证分析［J］. 金融论坛，2014，19（10）：47 - 55.

［70］邵挺. 金融错配、所有制结构与资本回报率：来自1999 ~ 2007年我国工业企业的研究［J］. 金融研究，2010（9）：47 - 63.

［71］邵宜航，步晓宁，张天华. 资源配置扭曲与中国工业全要素生产率——基于工业企业数据库再测算［J］. 中国工业经济，2013（12）：39 - 51.

［72］孙志军. 基于双胞胎数据的教育收益率估计［J］. 经济学（季刊），2014，13（3）：1001 - 1020.

［73］唐可月，张凤林. 高校扩招后果的经济学分析——基于劳动市场信号发送理论的研究［J］. 财经研究，2006，32（3）：133 - 144.

［74］汪伟，史晋川. 进入壁垒与民营企业的成长——吉利集团案例研究［J］. 管理世界，2005（4）：132 - 140.

［75］王甫勤，时怡雯. 家庭背景、教育期望与大学教育获得基于上海市调查数据的实证研究［J］. 社会，2014，34（1）：175 - 195.

［76］王启超，王兵，彭睿. 人才配置与全要素生产率——兼论中国实体经济高质量增长［J］. 财经研究，2020，46（1）：64 - 78.

［77］王永进，施炳展. 上游垄断与中国企业产品质量升级［J］. 经济研

究，2014，49（4）：116 – 129.

[78] 王永水，朱平芳. 中国经济增长中的人力资本门槛效应研究 [J].
统计研究，2016，33（1）：13 – 19.

[79] 王中美. 公用服务业垄断正当性之伪逻辑与管制的改良主义 [J].
学术月刊，2010（3）：85 – 91.

[80] 巫强，葛玉好. 工资增长与岗位创造——基于中国上市公司数据的
实证研究 [J]. 世界经济文汇，2014（3）：26 – 38.

[81] 吴延兵. R&D 存量、知识函数与生产效率 [J]. 经济学（季刊），
2006，5（3）：1129 – 1156.

[82] 吴延兵. 国有企业双重效率损失再研究 [J]. 当代经济科学，2015，
37（1）：1 – 10.

[83] 吴延兵. 中国哪种所有制类型企业最具创新性? [J]. 世界经济，
2012（6）：3 – 29.

[84] 武鹏. 行业垄断对中国行业收入差距的影响 [J]. 中国工业经济，
2011（10）：76 – 86.

[85] 肖龙铎，张兵. 金融可得性、非农就业与农民收入——基于 CHFS
数据的实证研究 [J]. 经济科学，2017（2）：74 – 87.

[86] 邢春冰. 经济转型与不同所有制部门的工资决定——从"下海"到
"下岗"[J]. 管理世界，2007（6）：23 – 37.

[87] 邢春冰. 不同所有制企业的工资决定机制考察 [J]. 经济研究，
2005（6）：16 – 26.

[88] 徐涛. 信息不对称、关系型融资与新型的银企关系 [J]. 产业经济
评论，2003，2（1）：68 – 79.

[89] 徐盈之，蔡海亚，严春蕾. 要素市场扭曲与我国雾霾污染防治
[J]. 中国地质大学学报（社会科学版），2019，19（1）：22 – 33.

[90] 薛欣欣，辛立国. 国有部门员工被过高支付还是拥有特殊人力资
本——来自有限混合模型的估计结果 [J]. 南方经济，2015，33（10）：85 – 98.

[91] 闫伟. 国有企业经理道德风险程度的决策因素 [J]. 经济研究, 1999 (2): 3-12.

[92] 颜敏, 王维国. 中国过度教育现状及其演变——来自微观数据的证据 [J]. 山西财经大学学报, 2017, 39 (3): 15-29.

[93] 杨继东, 罗路宝. 产业政策、地区竞争与资源空间配置扭曲 [J]. 中国工业经济, 2018 (12): 5-22.

[94] 杨丽. 企业科技人员技术创新激励的实证分析——以山东省为例 [J]. 科技管理研究, 2009, 29 (3): 195-197.

[95] 杨秀云, 朱贻宁, 张敏. 行业效率与行业收入差距——基于全国及典型省市面板数据 SFA 模型的经验分析 [J]. 经济管理, 2012 (10): 41-50.

[96] 叶林祥, 李实, 罗楚亮. 行业垄断、所有制与企业工资收入差距——基于第一次全国经济普查企业数据的实证研究 [J]. 管理世界, 2011 (4): 26-36.

[97] 易杏花, 卢现祥. 企业家: 寻利还是寻租? [J]. 企业管理, 2010 (10): 34-37.

[98] 尹志超, 甘犁. 公共部门和非公共部门工资差异的实证研究 [J]. 经济研究, 2009 (4): 129-140.

[99] 尹志超, 宋全云, 吴雨, 彭嫦燕. 金融知识、创业决策和创业动机 [J]. 管理世界, 2015 (1): 87-98.

[100] 尤济红. 人力资本、产业结构与城市劳动生产率 [J]. 山西财经大学学报, 2019, 41 (8): 71-83.

[101] 于洪霞. 生命周期偏误、终身收入与中国教育收益率的估计 [J]. 管理世界, 2014 (12): 51-61.

[102] 于洪霞. 生命周期偏误与中国教育收益率元分析 [J]. 经济研究, 2013, 48 (8): 68-80.

[103] 于良春, 余东华. 中国地区性行政垄断程度的测度研究 [J]. 经济研究, 2009 (2): 119-131.

[104] 于良春，张伟. 中国行业性行政垄断的强度与效率损失研究 [J]. 经济研究，2010 (3)：16 - 27.

[105] 余婧，罗杰. 中国金融资源错配的微观机制——基于工业企业商业信贷的经验研究 [J]. 复旦学报（社会科学版），2012，54 (1)：19 - 27.

[106] 袁方. 领导者应有这样的感情——读《马忠臣拍案怒斥官僚主义》一文有感 [J]. 领导科学，1998 (6)：47 - 47.

[107] 袁晓玲，张江洋，赵志华. 能源、资本与产出三重扭曲对中国制造业全要素生产率的影响 [J]. 陕西师范大学学报（哲学社会科学版），2016，45 (1)：126 - 138.

[108] 袁志刚，解栋栋. 中国劳动力错配对 TFP 的影响分析 [J]. 经济研究，2011 (7)：4 - 17.

[109] 约瑟夫·熊彼特. 财富增长论——经济发展理论 [M]. 李默译. 陕西：陕西师范大学出版社，2007.

[110] 岳希明，李实，史泰丽. 垄断行业高收入问题探讨 [J]. 中国社会科学，2010 (3)：77 - 93.

[111] 岳希明，蔡萌. 垄断行业高收入不合理程度研究 [J]. 中国工业经济，2015 (5)：5 - 17.

[112] 张车伟，薛欣欣. 国有部门与非国有部门工资差异及人力资本贡献 [J]. 经济研究，2008 (4)：15 - 25，65.

[113] 张成思，刘贯春. 人力资本配置结构与金融部门扩张 [J]. 经济学动态，2022 (5)：33 - 52.

[114] 张龙耀，张海宁. 金融约束与家庭创业——中国的城乡差异 [J]. 金融研究，2013 (9)：123 - 135.

[115] 张佩，马弘. 借贷约束与资源错配——来自中国的经验证据 [J]. 清华大学学报（自然科学版），2012 (9)：1303 - 1308.

[116] 张少辉，余泳泽. 土地出让、资源错配与全要素生产率 [J]. 财经研究，2019，45 (2)：73 - 85.

［117］张维迎. 企业理论与中国企业改革［M］. 北京：北京大学出版社，1999.

［118］张伟，于良春. 行业行政垄断的形成及治理机制研究［J］. 中国工业经济，2011（1）：69 - 78.

［119］中国经济增长前沿课题组. 中国经济增长的低效率冲击与减速治理［J］. 经济研究，2014，49（12）：4 - 17，32.

［120］周茂，李雨浓，姚星，陆毅. 人力资本扩张与中国城市制造业出口升级：来自高校扩招的证据［J］. 管理世界，2019，35（5）：64 - 77，198 - 199.

［121］周少甫，王伟，董登新. 人力资本与产业结构转化对经济增长的效应分析——来自中国省级面板数据的经验证据［J］. 数量经济技术经济研究，2013，30（8）：65 - 77，123.

［122］周兴，王芳. 国有部门与非国有部门工资差异的演变与分解——基于非条件分位数回归的分解方法［J］. 经济科学，2013（3）：48 - 60.

［123］朱琪. 行业人力资本投资收益率比较研究：1978～2005［J］. 中国人口科学，2008（6）：48 - 55.

［124］庄子银. 创新、企业家活动配置与长期经济增长［J］. 经济研究，2007（8）：82 - 94.

［125］邹薇，代谦. 技术模仿、人力资本积累与经济赶超［J］. 中国社会科学，2003（5）：26 - 38，205 - 206.

［126］Acemoglu D. , Guerrieri V. Capital deepening and nonbalanced economic growth［J］. *Journal of Political Economy*，2008，116（3）：467 - 498.

［127］Acemoglu D. , Verdier T. The choice between market failures and corruption［J］. *American Economic Review*，2000，91（1）：194 - 211.

［128］Acemoglu D. , Zilibotti F. Setting standards：Information accumulation in development［J］. *Journal of Economic Growth*，1999，4（1）：5 - 38.

［129］Acemoglu D. Reward structures and the allocation of talent［J］. *European Economic Review*，1995，39（1）：17 - 33.

[130] Aghion P. , Howitt P. *Endogenous Growth Theory* [M]. Cambridge, MA: The MIT Press, 1998.

[131] Aghion P. , Tirole J. Formal and real authority in organizations [J]. *Journal of Political Economy*, 1997, 105 (1): 1 - 29.

[132] Aidis R. , Estrin S. , Mickiewicz T. M. Size matters: entrepreneurial entry and government [J]. *Small Business Economics*, 2012 (39): 119 - 139.

[133] Aoki M. , Kim H. K. , Okuno-Fujiwara M. *The Role of Government in East Asian Economic Development: Comparative Institutional Analysis* [M]. Clarendon Press, 1997.

[134] Aoki S. A simple accounting framework for the effect of resource misallocation on aggregate productivity [J]. *Journal of the Japanese and International Economies*, 2012, 26 (4): 473 - 494.

[135] Atkeson A. , Burstein A. Aggregate implications of innovation policy [J]. *Journal of Political Economy*, 2019, 127 (6): 2625 - 2683.

[136] Baland J. M. , Francois P. Rent-seeking and resource booms [J]. *Journal of Development Economics*, 2000, 61 (2): 527 - 542.

[137] Banerjee A. V. , Moll B. Why does misallocation persist? [J]. *American Economic Journal Macroeconomics*, 2010, 2 (1): 189 - 206.

[138] Basak D. , Mukherjee A. Social efficiency of entry in a vertically related industry [J]. *Economics Letters*, 2016 (139): 8 - 10.

[139] Baumol W. , Goldfeld S. M. , Gordon L. A. , et al. *The Economics of Mutual Fund Markets: Competition versus Regulation* [M]. Springer Science & Business Media, 2012.

[140] Beugelsdijk S. , Noorderhaven N. Entrepreneurial attitude and economic growth: A cross-section of 54 regions [J]. *The Annals of Regional Science*, 2004 (38): 199 - 218.

[141] Bhuller M. , Mogstad M. , Salvanes K. G. Life-cycle bias and the re-

turns to schooling in current and lifetime earnings [J]. *NHH Dept. of Economics Discussion Paper*, 2011 (4).

[142] Booth A. L., Coles M. A microfoundation for increasing returns in human capital accumulation and the under-participation trap [J]. *European Economic Review*, 2007, 51 (7): 1661 – 1681.

[143] Brandt L., Tombe T., Zhu X. Factor market distortions across time, space and sectors in China [J]. *Review of Economic Dynamics*, 2013, 16 (1): 39 – 58.

[144] Cahuc P., Challe E. Produce or speculate? Asset bubbles, occupational choice, and efficiency [J]. *International Economic Review*, 2012, 53 (4): 1105 – 1131.

[145] Cai H., Liu Q. Competition and corporate tax avoidance: Evidence from Chinese industrial firms [J]. *Economic Journal*, 2009, 119 (537): 764 – 795.

[146] Cao H., Wang L. F. S. Social efficiency of entry in a vertically related industry revisited [J]. *Economics Letters*, 2020 (192): 109200.

[147] Cassar G. Entrepreneur opportunity costs and intended venture growth [J]. *Journal of Business Venturing*, 2006, 21 (5): 610 – 632.

[148] Che Y., Zhang L. Human capital, technology adoption and firm performance: Impacts of China's higher education expansion in the late 1990s [J]. *The Economic Journal*, 2018, 128 (614): 2282 – 2320.

[149] Ciccone A., Papaioannou E. Human capital, the structure of production, and growth [J]. *The Review of Economics and Statistics*, 2009, 91 (1): 66 – 82.

[150] Démurger S., Fournier M., Shi L. et al. Economic liberalization with rising segmentation in China's urban labor market [J]. *Asian Economic Papers*, 2006, 5 (3): 58 – 101.

[151] Di Stasio V., Bol T., Van de Werfhorst H. G. What makes education

positional? Institutions, overeducation and the competition for jobs [J]. *Research in Social Stratification and Mobility*, 2016 (43): 53 – 63.

[152] Dollar D. , Wei S. J. Das (wasted) kapital: Firm ownership and investment efficiency in China [R]. *IMF Working Papers*, 2007.

[153] Dong X. Y. Wage inequality and between-firm wage dispersion in the 1990s: A comparison of rural and urban enterprises in China [J]. *Journal of Comparative Economics*, 2005, 33 (4): 664 – 687.

[154] Ebeke C. , Omgba L. D. , Laajaj R. Oil, governance and the (mis) allocation of talent in developing countries [J]. *Journal of Development Economics*, 2015 (114): 126 – 141.

[155] Evans D. S. , Leighton L. S. The determinants of changes in U. S. self-employment, 1968 – 1987 [J]. *Small Business Economics*, 1989 (1): 111 – 119.

[156] Fons-Rosen C. , Kalemli-Ozcan S. , Sorensen B. E. et al. Foreign investment and domestic productivity: Identifying knowledge spillovers and competition effects [R]. *NBER*, 2017.

[157] Foster R. N. , Kaplan S. Creative destruction [J], *Harvard Business Review*, 2001, 80 (5): 61 – 61.

[158] Ghosh A. , Morita H. Free entry and social efficiency under vertical oligopoly [J]. *The RAND Journal of Economics*, 2007, 38 (2): 541 – 554.

[159] Gilchrist S. , Sim J. W. , Zakrajšek E. Misallocation and financial market frictions: Some direct evidence from the dispersion in borrowing costs [J]. *Review of Economic Dynamics*, 2013, 16 (1): 159 – 176.

[160] Glaeser E. L. Entrepreneurship and the City [M] //Entrepreneurship and Openness. Edward Elgar Publishing, 2009.

[161] Goldin C. , Katz L. F. Transitions: Career and family life cycles of the educational elite [J]. *American Economic Review*, 2008, 98 (2): 363 – 369.

[162] Grossman G. M. , Helpman E. Endogenous Product Cycles [J]. *Eco-

nomic Journal, 1991, 101 (408): 1214 –1229.

[163] Garnaut R. , Huang Y. *Growth without Miracles: Readings on the Chinese Economy in the Era of Reform* [M]. Oxford University Press on Demand, 2001.

[164] Hanushek E. A. , Woessmann L. , Bank W. The role of education quality for economic growth [J]. *Policy Research*, 2007 (100): 86 –116.

[165] Hovey M. , Naughton T. A survey of enterprise reforms in China: The way forward [J]. *Economic Systems*, 2007, 31 (2): 138 –156.

[166] Hsieh C. T. , Hurst E. , Jones C. I. et al. The allocation of talent and U. S. economic growth [J]. *Econometrica*, 2019, 87 (5): 1439 –1474.

[167] Hsieh C. T. , Klenow P. J. Misallocation and manufacturing TFP in China and India [J]. *Quarterly Journal of Economics*, 2009, 124 (4): 1403 –1448.

[168] Jaef R. N. F. , Lopez J. I. Entry, trade costs, and international business cycles [J]. *Journal of International Economics*, 2014, 94 (2): 224 –238.

[169] Jones C. I. , Romer P. M. The new Kaldor facts: Ideas, institutions, population, and human capital [J]. *American Economic Journal: Macroeconomics*, 2010, 2 (1): 224 –245.

[170] Klyver K. , Lomberg C. , Steffens P. R. *Human capital and the role of concurrent job search for nascent entrepreneurs* [C] //Academy of Management Proceedings. Briarcliff Manor, NY 10510: Academy of Management, 2015 (1): 16649.

[171] Krueger A. O. The political economy of the rent-seeking society [J]. *American Economic Review*, 1974, 64 (3): 291 –303.

[172] Li X. , Liu X. , Wang Y. A model of China's state capitalism [R]. *Available at SSRN* 2061521, 2015.

[173] Lin J. Y. *Economic Development and Transition: Thought, Strategy, and Viability* [M]. New York: Cambridge University Press, 2009.

[174] Lin J. Y. The Needham puzzle: Why the industrial revolution did not origi-

nate in China [J]. *Economic Development and Cultural Change*, 1995, 43 (2): 269 – 292.

[175] Lindbeck A. , Snower D. J. Wage setting, unemployment, and insider-outsider relations [J]. *American Economic Review*, 1986, 76 (2): 235 – 239.

[176] Liu E. Industrial policies in production networks [J]. *Quarterly Journal of Economics*. 2019, 134 (4): 1883 – 1948.

[177] Mabee C. A Labor-income-based measure of the value of human capital: An application to the United States [J]. *Japan & the World Economy*, 1997, 9 (2): 159 – 191.

[178] Mandelman F. S. , Montes-Rojas G. V. Is self-employment and micro-entrepreneurship a desired outcome? [J]. *World Development*, 2009, 37 (12): 1914 – 1925.

[179] Mankiw N. G. , Romer D. , Weil D. N. A contribution to the empirics of economic growth [J]. *Quarterly Journal of Economics*, 1992, 107 (2): 407 – 437.

[180] Manuelli R. E. , Seshadri A. Human capital and the wealth of nations [J]. *American Economic Review*, 2014, 104 (9): 2736 – 2762.

[181] Mehlum H. , Moene K. , Torvik R. Institutions and the resource curse [J]. *Economic Journal*, 2006, 116 (508): 1 – 20.

[182] Melitz M. J. , Ottaviano G. I. P. Market size, trade, and productivity [J]. *The Review of Economic Studies*, 2008, 75 (1): 295 – 316.

[183] Mickiewicz T. , Nyakudya F. , Theodorakopoulos N. et al. *Reversal of Fortune: Opportunity Cost and Endowment Effects along Stages of Entrepreneurship* [C]. Academy of Management Proceedings. Academy of Management, 2014, 2014 (1).

[184] Midrigan V. , Xu D. Y. Finance and misallocation: Evidence from plant-level data [J]. *American Economic Review*, 2014, 104 (2): 422 – 458.

[185] Millán J. M. , Congregado E. , Román C. Persistence in entrepreneur-

ship and its implications for the European entrepreneurial promotion policy [J]. *Journal of Policy Modeling*, 2014, 36 (1): 83 – 106.

[186] Murphy K. M. , Shleifer A. , Vishny R. W. The allocation of talent: Implications for growth [J]. *Quarterly Journal of Economics*, 1991, 106 (2): 503 – 530.

[187] Murphy K. M. , Shleifer A. , Vishny R. W. Why is rent-seeking so costly to growth? [J]. *American Economic Review*, 1993, 83 (2): 409 – 414.

[188] Naughton B. Is China socialist? [J]. *Journal of Economic Perspectives*, 2017, 31 (1): 3 – 24.

[189] Neven D. J. , Röller L. H. Consumer surplus vs. welfare standard in a political economy model of merger control [J]. *International Journal of Industrial Organization*, 2005, 23 (9): 829 – 848.

[190] Peters M. Heterogeneous markups, growth, and endogenous misallocation [J]. *Econometrica*, 2020, 88 (5): 2037 – 2073.

[191] Philippon T. , Reshef A. Wages and human capital in the US finance industry: 1909 – 2006 [J]. *Quarterly Journal of Economics*, 2012, 127 (4): 1551 – 1609.

[192] Philippon T. Financiers versus engineers: Should the financial sector be taxed or subsidized? [J]. *American Economic Journal: Macroeconomics*, 2010, 2 (3): 158 – 182.

[193] Prasad E. S. , Rajan R. G. Modernizing China's growth paradigm [J]. *American Economic Review*, 2006, 96 (2): 331 – 336.

[194] Pritchett L. Mind your p's and q's: The cost of public investment is not the value of public capital [R]. *Available at SSRN 620621*, 1996.

[195] Qian Y. , Weingast B. R. Federalism as a commitment to preserving market incentives [J]. *Journal of Economic Perspectives*, 1997, 11 (4): 83 – 92.

[196] Rogerson R. Structural transformation and the deterioration of European la-

bor market outcomes [J]. *Journal of Political Economy*, 2008, 116 (2): 235 – 259.

[197] Schumpeter J. , Backhaus U. *The Theory of Economic Development* [M]. Springer US, 2003.

[198] Shaked A. , Sutton J. Involuntary unemployment as a perfect equilibrium in a bargaining model [J]. *Econometrica*, 1984, 52 (6): 1351 – 1364.

[199] Shane S. , Venkataraman S. The promise of entrepreneurship as a field of research [J]. *Academy of Management Review*, 2000, 25 (1): 217 – 226.

[200] Skuras D. , Meccheri N. , Moreira M. B. et al. Entrepreneurial human capital accumulation and the growth of rural businesses: A four-country survey in mountainous and lagging areas of the European union [J]. *Journal of Rural Studies*, 2005, 21 (1): 67 – 79.

[201] Stiglitz J. E. Price rigidities and market structure. [J]. *American Economic Review*, 1984, 74 (74): 350 – 355.

[202] Teixeira A. A. C. , Queirós A. S. S. Economic growth, human capital and structural change: A dynamic panel data analysis [J]. *Research Policy*, 2016, 45 (8): 1636 – 1648.

[203] Torvik R. Natural resources, rent seeking and welfare [J]. *Journal of Development Economics*, 2002, 67 (2): 455 – 470.

[204] Ucbasaran D. , Westhead P. , Wright M. Opportunity identification and pursuit: Does an entrepreneur's human capital matter? [J]. *Small Business Economics*, 2008 (30): 153 – 173.

[205] Vandenbussche J. , Aghion P. , Meghir C. Growth, distance to frontier and composition of human capital [J]. *Journal of Economic Growth*, 2006 (11): 97 – 127.

[206] Ventura J. *A global View of Economic Growth* [M] //Handbook of economic growth. Elsevier, 2005: 1419 – 1497.

[207] Vollrath D. The efficiency of human capital allocations in developing

countries [J]. *Journal of Development Economics*, 2014 (108): 106 – 118.

[208] Wei S. J. , Xie Z. , Zhang X. From "made in China" to "innovated in China": Necessity, prospect, and challenges [J]. *Journal of Economic Perspectives*, 2017, 31 (1): 49 – 70.

[209] Westhead P. , Ucbasaran D. , Wright M. Decisions, actions, and performance: Do novice, serial, and portfolio entrepreneurs differ? [J]. *Journal of Small Business Management*, 2005, 43 (4): 393 – 417.

[210] Wu J. , Huang S. Innovation or Rent-seeking: The Entrepreneurial behavior during China's economic transformation [J]. *China & World Economy*, 2008, 16 (4): 64 – 81.

[211] Xu C. The fundamental institutions of China's reforms and development [J]. *Journal of Economic Literature*, 2011, 49 (4): 1076 – 1151.

[212] Yang M. *Micro-level Misallocation and Selection: Estimation and Aggregate Implications* [D]. Berkeley: University of California, 2011.

[213] Yellen J. L. Efficiency wage models of unemployment [J]. *American Economic Review*, 1984, 74 (2): 200 – 205.